МИРОСЛАВ Б. МЛАДЕНОВИЋ МИРАЦ

ЂУРЂЕВДАНСКИ ОБИЧАЈИ ИЗ ВЛАСОТИНАЧКОГ КРАЈА И ОКОЛИНЕ

ВЛАСОТИНЦЕ, 2016.године

1

Сажетак (Резиме):- Ђурђевдан у брдско планинском делу јуига Србије је била слава сточара. За Ђурђевдан су везани многи обичаји у погледу браћа ђурђевданског цвећа, лирских ђуђевданских песма, плетења венца и многих обредних магичних ритуала везаних за плодност стоке и здравље људи и стоке у току године.

Девојке су увече или рано ујутру кроз песму брале ђурђевданско цвеће и плеле венце за:овцу која се прва ојагњила, јагње, пчеле, кућу, оборе и после тога се славило уз народна кола пред „крста"-записа у свакоме селу.

У неким селима пред ђурђевдан-Ђурђевштина, славио се и сточарски празник „Премлаз", а негде полсе неколико дана или недеља, на коме су се одлучивала јагњад и одређивало време муже оваца. Из тог времена је остало трага „бачијада"-на којима се правио познати сточарски специјалитет БЕЛМУЖ, чији рецепт смо пренели и овде у овпме раду, а већ се користи као „српски специјалитет" народне кухиње.

За многе ђурђевданске биљке су везана многа веровања, као и за извођење магиских обреда уочи и на сам Ђурђевдан.

Ђурђевдански обичаји у власотиначком крају и околини су махом слични, а односе се на неко прошло време када је планина била пуна овцама и козама.

Овде смо изнели и лично аутентична сећања самог аутора на некада давне ђурђевданске дане средином 20. века у селима у власотиначком крају. Поред записа о веровањима магиске моћи „ђурђевданских биљака", на крају смо форо записом и приказали неке од тих ђурђевданских биљака које су се брале у времену ђурђевданских дана у већ несталим селима овог дела југа Србије.

Кључне речи: *Ђурђевдан, Ђурђевштина, обичаји, ђурђевдансе биљке, венац, записи, песме, веровања, фотографије*

* * *

УВОД

Ђурђевдан у брдско планинском делу југа Србије је била слава сточара, па је свако село у брско-планинског дела славило Ђурђевдан као овчарску славу, али уз верске обреде.

Један дан пре Ђурђевдана младе жене се окупе (три и више) , узму цедило и срп, изађу реке и набере здравац, а у повратку српом насеку младу траву и бујне струкове раженице или пшенице-младо жито, и донесу својим кућама.

У рану зору на Ђурђевдан девојке и младе жене узму здравац, припремљене врбове прутове и вунени конац, црвено офарбан. Тако се брало ђурђевско цвеће.

Оду на реку (долину-поток) и изнад воде извију два венца, а на трећем пруту извију здравац који се не савија у венац.

У неким селима су се плела три венца. Трећи се плео за пчеле.

Један венац се ставља око врата јагњету, које ће тога дана бити заклано као приношена „крвна жртва" том верском дану овчара.

Други венац се ставља око врата његовој мајци, као дар што је ојагњила и очувала то јагње.

Набрана трава ситно се сасече, па се помеша са кукурузовином или другом сачуваном житарицом.

Та крма се посоли, па се онда овце накрме у корита пре муже.

Овчар пре муже рано пушта овце да пасу-попасак. Тог дана се овце пуштају да пасу у „забрањеној ливади" за пашу, па чак и у бојној младој раженици или пшеници.

Око осам сати ујутру се са те паше овце дотерају у овчарник-замет да поједу спремљену крму. Стаљају се окитени венци. Врата кроз које ће проћи овце пре муже, су окитена венцем. Испод ведра (котле) у којој се музу овце , ископа се рупица ставља се

колач (колеђанка-са овчарем, овцама и трлом омешена на хлебу погачице-негде и као „плетеница" од хлеба") сачуван од коледе и перашка (црвено јаје) сачувана од Велигдена (Ускрса). После тога се почиње са мужом оваца. Кад се овце помузу члан домаћинства из махале села , однесе млеко кући да се што раније подсири, оцеди, да би сир и умешени колач однели на „крст" у село- а или испред цркве, где је постојала црква у село. Ту се настављало весеље уз игру и коло музиканата. Некада су то биле најчешће:зурле, фруле, гајде а касније трубачи („банда") и хармоникаши.
*

Фото запис 1979.године ђурђевданског народног кола уз музику: зурле, тупана, саксафона и хармонике...

Забележио:Мирослав Б Младеновић Мирац локални етнолог, Власотинце, Србија
*

У неким селима ђурђевдански обичај   између два светска рата и друга је имао и друга обележја. Тако се колач (колеђанка-са овчарем, овцама и трлом омешена на хлебу погачице-негде и као „плетеница" од хлеба") сачуван од коледе и перашка -испод ведра се узму и укопају у мравињак, да би се овце множиле као мрави.

6

У том времену се закоље и на ражањ до подне испече јагње и односи на „крст“. У том времену свако домаћинство овчара са собом донесе „на крст“ колач и сир, од помуженог млега тога дана, вино и друго. Свако домаћинство је код „крста“ имало своје „место“(„камен“)-да се ту смести овчари.
*

Фото запис мај 2009.године с. Црна Бара у власотиначком крају:- Испред ЗАПИСА и „крста“ су некада извођени обичаји и црквени обреди у времену Ђурђевдана.. Забележили: ученик Небојша Костадиновић и Мирослав Младеновић наставник ОШ „Браћа Миленковић“ с. Шишава, Власотинце, Србија
*

Кад се сви овчари прикупе у село, онда се изводио верски обред „сечења“ сеоског колача, кога је секао „старешина села“ или поп тамо где постојала црква. Сваки домаћин је сам себи „секао“ колач, тамо где није постојала црква у планинским селима.

Наравно ако је поп изводио верски обред, он је редом обилазио свако домаћинство села на том скупу овчара.

Поп тада прекади и пресече колач , мало сипа вина, те од колача узме део између „крста“. То исто чини и са сиром, који се налазио у једној целини , затим од јагњета је поп узимао предњу плећку и доњу вилицу са језиком.

Кад се заврши црквени обред, онда старији покупе то шта су донели од куће и оду својим кућама.
Млади свет ту остане и око „крста“ настане весеље уз гајде или плех музику.

Ђурђевдан од села Бољара у власотиначкогм крају-Повласиња, до саме власинске области, садржао је исте овчарске обичаје и сличне обредне ритуале и веровања за тај овчарски празник сточара.
*

Фото запис овчара на испаши у планини средином 20 века:-Некада су пашњаци на Сувеу Планину и на власинској висоравни били пуни стада оваца, где се бачовало...

* * *

ОБИЧАЈ И ТРАДИЦИЈА ЗА ЂУРЂЕВДАН

На *Ђурђевдан* девојке беру китке-цвеће, само модре(плаво затворено) се не беру, а све остале се беру по ливадама: *обртен, зелотравка, купина са два врха, бела рада,"приваталька", навал, селин,зелена пшеница (раж), вратика, млеч, граб (габер, габар- свињаковина)* .

ото запис мај 2015.г. Власотинце:- Симбол Ђурђевдана је билька Ђурђевак, чији бели звончићи опојно миришу. У планини постоји и сличан Дивљи Ђурђевак, а и Планинска златица (Ђурећвданско цвеће) у неким планинским селима има и значење билке "Ђурђевак"...Забележио:Мирослав Б Младеновић Мирац, локални етнолог, Власотинце,Србија

*

Биљка *здравац* има посебно место у ритуалном делу *плетења венца* од *ђурђевданског цвећа.* Она се или бере један дан у планинским рекама или се посађена поред кућа убере у дану Ђурђевдана када се бере остало ђурђевданско цвеће.

Уочи Ђурђевдана, свака домаћица у село у једну посуду пуну воде ставља разно пролећно биље, а онда се ту додаје:дрен, здравац, граб (грабовина) и црвено јаје (чуваркућа) остало од ускрса (велигдена); па се то све стави под трандафил (ружу) да преноћи.

Ујутру се сви укућани редом умивају том водом са веровањима:-"да сви у кући буду здрави као дрен", "да се момци грабе око девојке", "да домаћину кућа буде добро чувана".
Овце се теру са биљком *селин* на Ђуђевдан, а *селин* се одсече па се кроз прстен протне селин, па се омеси кравајче, да има рупу, па се у кравајче стави прстен и селин. Овца која се прва ојагњила, кроз тај се прстен промозује.
За овцу која се прва ојагњи-од китке(цвеће) јој се направи венац и стави јој се на врат.
Кад се увијају венци, а то се најчешће ради у некој долини (малом поточићу) поред неке ливаде и шуме- која је близу сабирно-световног места за цело село.
*

ЂУРЂЕВДАНСКЕ ПЕСМЕ

Онда су се и певале и песме, а девојке док су плеле венце, су се задиркивале и прскале једна другу.

Кад девојке полазе од куће да цвеће беру, певају:

ДЕВОЈКЕ У ЦВЕЋЕ ПООДЕ

Да ли грми ил се земља тресе
Ил девојке у цвеће пооде?
Јел момчета у виље пооде?
Нити грми, нит се земља тресе,
Но девојке у цвеће пооде,...

Запис 2002.године :село Брестов Дол (Заплање)
Казивач:Олга Милошевић, с. Брестов Дол (Заплање)
Забележио:Божидар Голубовић-Бошко(1927-2009.)
професор из с. Брестов Дол (Заплање)
*

Док су девојке брале ђурђево цвеће по расцветалим ливадама, певале су се песме:

"Здравче момче,
беру ли те моме,
Беру, беру, беру
младе лепе девојке,
Ђурђево цвеће,
јој обава мала момо".

X

Ђурђево цвеће убаво,
Ђуђа га мома береше,
Мајки га у скут врљаше,
Татко га из скут изврљи,
(на сваку реч се пева:
„ој убава Ђурђево цвеће")

Или
„Здравче момче,

беру ли те моме
Ђурђа га мома бераше

татко га низ скут изврљаше
мајка га у скут врљаше

Ђурђо момо, моје цвеће."
(Записи 1975 и 1978.године из село Горњи Дејан и
махале Преданча, општина Власотинце, република
Србија

Казивачи: Јелена Младеновић (око 100 г.) с. Г.Дејан и
Марица Младеновић (1925.г.дев. Стојановић) с.
Преданча, Власотинце

Забележио: Мирослав Младеновић наставник ОШ
„Карађорђе Петровић" с.Крушевица, Власотинце

Фото запис мај 2015.г, Власотинце:-„Здравче момче, беру ли те моме...“
Забележио: Мирослав Б Младеновић Мирац, локални етнолог, Власотинце, Србија

* *

Кад се бере цвеће девојке певају:

ЗДРАВЧЕТОВА ПЕСМА
Здравче, невче, беру ли те моме
Беру, беру, како да не беру
Не беру ме како што се бере
Из камен ме ваде у ливадице саде.
Запис 2002.године :село Брестов Дол (Заплање)
Казивач:Олга Милошевић, с. Брестов Дол (Заплање)
Забележио:Божидар Голубовић-Бошко(1927-2009.)
професор из с. Брестов Дол (Заплање)
* *

Венци се плету уз песму:

Иде Славко одоздо,
А Рајка одозго,
Сусрели се на прелаз,
Те се љубе у образ.
А ти Бино, Јелко,
Твој је драги далеко.
То девојке знају све,
Он че дојде до тебе.
Запис 2002.године :село Брестов Дол (Заплање)
Казивач:Олга Милошевић, с. Брестов Дол (Заплање)
Забележио:Божидар Голубовић-Бошко(1927-2009.)
професор из с. Брестов Дол (Заплање)
*

15

Када се увијали венци онда се овако певало:

„Здравче венче,
Вију ли те девојке,
Вију ли те вију у венац.
Девојке лепо цвеће ките,
На главу су ме с њега закитиле“.
* *

ЗДРАВЧЕТОВА ПЕСМА
„Завати се д'н ко јунак,
Дал земљу да преигра,
И за други д'н да дође.
Голубенце воду пије,
Насред реке, на растаке.
Виделе га младе моме,
Текле, двиле и казале:
“Здравче венче, беру ли те моме“,
„Беру, беру, из корена ме ваде.
Три га браше, три китке набраше,
Три га више, три венца увише“.“
Записи 1973-1984.г. из села: Крушевица и Доњи
Дејан, СО-е Власотинце, република Србија
Забележио: Мирослав Младеновић наставник
матмнатике у ОШ „Карађорђе Петровић“ село
Крушевица и локални етнолог Власотинце

х

ЗДРАВЧЕ ВЕНЧЕ

„Здравче венче, беру ли те моме",
„Беру, беру, из корен ме ваде.
Три га браше, три китке набраше,
Три га више, три венца увише.
Први венац за то вакло јагње,
Други венац за големи кот'л,
Трећи венац за бучку голему".

Запис 1994. године, село Шишава Власотинце, република Србија
Казивач: Стаменковић Драгиња(80.г) село Шишава, Власотинце
Забележили: Костић Јасмина ученица и наставник математике Мирослав Младеновић ОШ „Браћа Миленковић" село Шишава општина Власотинце

* *

ЦАВТЕЛО ЦВЕЋЕ ЂУРЂЕВСКО

Цавтело цвеће ђурђевско,
Ђурђа га мома бераше,
Мајки га у скут тураше,
Мајка га из скут врљаше.
„Ни моје цвеће, ни Ђурђа,
Кад била Ђурђа моја,
Било и цвеће моје,
Сад неје Ђурђа моја,
Неје ни цвеће моје".

(Из Записа: ИЗНИКАЛ МИ СТРУК БОСИЉАК-*лирске народне песме из власотиначког краја*, лист „Власина", 2000.године Власотинце)

* *

ЂУРЂЕВКЕ
Брала Ђурђа китке
Три ми брала
Три китке набрала
Здравче момче
Беру ли те моме
Беру ме беру ме
У венац ме плету.

Запис: 1980-1981.године село Крушевица(махала Петковци) Власотинце, република Србија
Казивач: баба Васиљка Ициħ село Крушевица, Власотинце
Забележили: Стојана Јовиħ ученица и наставник *Мирослав Младеновиħ* ОШ „Карађорђе Петровиħ" село Крушевица , Власотинце

* *

ЂУРЂИЈА
Ој моја, па моја
Ружо румена
Што си се, што си се
Рано развила

18

Разви ме
Рано пролеће
Убра ме убра
Младо девојче
Ја нисам, нисам

С неба паднула
Но ме је, но ме је
Мајка родила
Па ме је, па ме је
У свилен повој повила
У рујно вино, у рујно вино
Ме купала

Са пресно, са пресно
Млеко ме дојила
На ускрс, на ускрс џану
Ме родила
На ђурђевдан, на ђурђевдан
Џану ме крстила
За тој ме зову Ђурђија џану
Затој ме зову Ђурђија џану.

Запис: 1981.године село Крушевица, Власотинце, република Србија; *Казивач: Раденковић Чедомир*(80.г) село Крушевица, Власотинце Забележио: *Мирослав Младеновић* наставник ОШ „Карађорђе Петровић“ с.Крушевица, Власотинце

Фото запис са села из прве половине 20 века у власотиначком крају:-"Ђурђијо, момо Ђурђија, на Ђурђевдан си рођена,....

* * *

ЗАПИС СЕЋАЊА О ЂУРЂЕВДАНУ

Увече се омеси кравајче, па са јајетом се ставља у бробињало(мравињак)-да ноћу престоји. Онда се ујутру носи у долину(поток) где се вију венци и ставља се у крмило за овце.

Кад се овце промузују, онда се под котле ставља јајце тој што је стојало кувано у бробињало(мравињак) и грумен соли(под дрвену чабрицу) се стави-па се после сол(со), јајце, селин и прстен однесу и закопу се у бробињало(мравињак) да преноћи.

Онда се све ујутру све здроби и стави у крмило а прстен се остави за даље.
Кад се увијају венци, онда девојка једна другу мокри, да овце имају млеко-да су млечне.

На свето место у долини (потоку).Свако село је имало своје место, касније се организује заједнички сеоски ручак, после завршених обредних и обичајних радњи.

Промозување оваца-Премлаз се славио на различите дане од села до села. Негде се славио 19 дана после Ђурђевдана.

Негде на један дан испред Ђурђевдана-Ђурђевштина, негде три дана после Ђурђевдана у власотиначко-цронтравском карју, али су им заједнички обреди.

На тај дан се терају овце и пасу по ливадама-по два до три дана, да се „гоје" и сваки од овчара их помузе. На премлаз помузу се овце-преко „колеђана"(хлеб од бадње вече) у виду „круга" прстена-који је чуван до Ђурђевдана, да би се преко њега промозувале овце на Ђуђевдан, са вером да ће Бог дати више млека-да

ће овце бити музне током целе године.

После муже оваца, свако измери своје млеко, па се касније када овце у току лета пасу заједно, онда се „разреже" ко ће колико дана да музе све овце у сеоски буљук-за даље све до јесени.

Све то млеко се збере, измери-потсири се-стопи се сирење у котал и сас брашно(воденично) се направи белмуж.
За премлаз се јагње закоље, омеси се баница и људи се ссастану групно у село-по бачевинама се саставе и заједно се руча. За Велигден (ускрс) овце се пуштају да испасу једно жито.

На Ђуђевдан је брана вратика-цвеће(жут или белужњав) па се давала да се крме овце . У прошла времена на село где је било стоке- свака кућа је у дворишту имала вратику

У село Крушевица у времену службовања у школи, док сам становао у кући Смиљке и Јове Ивановића-причали смо о ђурђевданским обичајима, а у тим причама је узимала учежће и Олга (Стоиљковић) Лепојевић(1923.г)-где сам забележио и ово веровање из девоојачких дана у времену ђурђевдана:

„Један дан пре Ђурђевдана девоојка узме отиде у бару и узме на зуку 3 струка и „веже их“ –па их „нарекне“ на три момка које воли, а ујутру на Ђурђевдан би сазнала ко ће бити њен момак, на основу тога који ће струк од зуке у бари поред извора у току ноћу највише да израсте“.

Овај весели девојачки обичај се изводио и у осталим селима Горњег Повласиња све до почетка Другог светског рата(1945.године)-као и

„гледање“ кроз цвећку „обртен“-да се момци обрћу за девојком, као и „кроз“ прстен-кроз који су се „премузувале“овце на Ђурђевдан или Премлаз на бачијама.

Занимљиво је да су се такви прстени чували генерацијама код овчара-који су „хиљадили", па када сам службовао у школи у село Тегошница-сакупљајући тада стари српски новац, деца су ми тада донела два велика сребрна прстена који њсу из 16. века-које чувам и дан данас у свбојој кућној збирци старог новца, а који су служили обредној сврхи „промузувања" оваца у времену Ђурђевданских обичаја у мају месецу сваке године-ето чак и у 16. веку у Горњем Повласињу власотиначкога краја.

О томе сам дознао када сам бележио порекло становништва у село Свође и Лукачево-Горњи Орах 1976.године.

Записи :села Доње Гаре, Крушевица и засеок Преданча село Г.Дејан, општина Власотинце, Србија

Казивачи: *Руска Вељковић(рођ. 1900.г., девојачко Грујић с.Д.Гаре) Вељковић* с. Крушевица, и *сећања Мирослава Младеновић* писца овог *записа* из родног села Г.Дејан (засеок Преданча) општина Власотинце

Забележио: *Мирослав Младеновић* наставник ОШ „Карађорђе Петровић" село Крушевица и локални етнолог Власотинце, Србија
*

*Фото запис 1978.године село Крушевица,
Власотинце: Мирослав Младеновић наставник у
ОШ с. Крушевица (становао са породицом у село)
са сином и крушевачким овчарима милују
"ђурђевданско јагње".........*

* * *

ЂУРЂЕВШТИНА-ПРЕМЛАЗ:-"*Дан овчара*":

У време ђурђевданских дана-посебно место на село међу овчарима је значио један дан пре Ђурђевдана-ЂУЂЕВШТИНА-*Премлаз*.

У неким селима тај дан "промузувања" оваца и лулења јагњади(премлаз-промуз) се одвијао на Ђурђевштину (5 маја) или на Ђурђевдан (6 маја) или и после 3 дана од Ђурђевдана (9 маја) или 10 дана после Ђурђевдана (16 мај) или после 19 дана од Ђурђевдана (25 мај).

На *Ђурђевштину* се бере цвеће, плету венци, прави белмуж и врши одлучивање јагњади.

На *премлаз* су се јагањци одлучивала и настала је мужа оваца.

Тај дан у власотиначко-цронтравском карју се прослављао као "дан овчара" по бачевинама, а негде и на места где се славио Ђурђевдан, тако што се од млека помуженог и белог(или жутог) кукуруза самлетог у воденицама потоачарама-правио Белмуж на овакав начин:

-У групама планинских заселка, увече се помузу овце, потом подсири млеко и из цедила извади млад неслан сир, који се пре стављао у котао-потом се стављао котао на ватру и стварањем кашасте масе, обавезно се стављало бело-некад и жуто воденично брашно и потом засолило и варњачом-дрвеном кашиком мешало и кувало, све док вода не испари.

Таква добијена кашаста маса-зове се белмуж. Онда се Белмуж служио на ливади или за совром.

Према причању *Благоја Младеновића* (1920.г) из села Преданча-када је био дете, баба му је правила *белмуж* и од масла избучканог од овчјег млека и од чаравчног(кукурузног) воденичног брашна.
Тако се прославшао *"дан овчара"*-почетак муже оваца, која је трајала све до јесени .

Рецепт БЕЛМУЖА је јединствен само на Југоистоку Србије, а постојао је око Сврљига, Књажевца, заплања и власотиначко-црнотравском крају. Данас се *Белмуж* на крају 20. и почетком 21. века прави на исти начин, а ли само на шпорет на дрва или на електрични шпорет.
Забележио сам рецепте прављења белмужа у селима:Козило, Бистрица, Преданча, Средор, Скрапеж и другим селима овога краја.
Нажалост ретко се тога више и ко сећа од младе генерације, јер поодавно оваца више и нема у овом крају. Зато ће овај запис остати да се по њему некада прави српски специјалитет Југа Србије-Белмуж.
Запис :1978.године село Преданча (Г.Дејан) Власотинце
Забележио: *Мирослав Младеновић* наставник ОШ „Карађорђе Петровић" село Крушевица и локални етнолог Власотинце, Власотинце
*

Фото запис друга половина 20 века у једно планинско село у власотиначком крају:- Старе овчарице су "напасене" овце и козе дотерале на "промуз"-премлаз, одвајања јагњади од оваца и почетак муже оваца...

* *

СЕЋАЊА НА ОБИЧАЈЕ И БЕЛМУЖ:

У неким селима се Премлаз славио на Ђурђевштину-један дан пре ђурђевдана, а у неким после 19 дана, док другима после три дана по Ђурђевдан, су одличавана јагањци и почињалала је мужа оваца. Тада се на Премлаз правио овчарски специјалитет БЕЛМУЖ.

Моја сећања педесетих година 20.века у моје родно планинско место Преданча-било и једног и другог обичаја.

Добро сећам и селина и крмљења оваца и скривање јајета у бробињало (мравињак) и када смо овце напасали по свим ливадама и као дете се сећам како су девојке певале ђурђевданске песме, онда прављење, прављење белмужа у велики котао и посебни обред-литије са заједничким ручком код старог дрвеног „крста" у ливади поред долине-путање и места звано ивје-рид између све долине.

Ђурђевдан се слави свуда 6.маја, а обичаји у брдско планинском делу власотиначкога краја су махом исти.

Наравно насељавањем овога краја из различитих делова су се негде и по нешто мењали.

Пошто је миграција учинила своје, од старих овчарских обичаја је једино остало китење капија-уочи Ђурђевдана у насељима где су су населили моји планински горштаци-махом на перифернијама града Власотинца.

Ево и овога 6.маја 2008.године комшика је синоћ закитила увече све комшиске капије са зеленом врбом, а једино што се у околним селима Шишава и Ломница мало више одвијају неки црквени обреди-попут Литија, као и ето деца се играју прскајући се по потоку Шишавица, као и китењем авлија зеленим гранчицама врбе.

Наравно да још као наставник у школи могу да видим одсуство деце у времену Ђурђевдана и сеоских слава, што ме још онако мало подсећа на те лепе дане свога детињства и ђурђевданских обичаја на село у планини.

На телевизији сам видео један леп начин очувања традиције у погледу Ђурђевдана-Ђурђевштине или ознањавања дана овчара-Премлаза, путем такмишења у Сврљигу и Књажевцу под називом „БЕЛМУЖИЈАДА“-такмичење у прављењу Белмужа, што бих била једна лепа традиција да заживи и у власотиначко-црнотравском крају.

Запис: 6.мај 2008.г. Власотинце

Забележио: *Мирослав Б Младеновић Мирац* локални етнолог, Власотинце, Србија

*

БЕЛМУЖ НА ПЛАНИНСКИ НАЧИН –

Забележио: Мирослав Младеновић, локални етнолог, Власотинце, Србија

Белмуж /бели муж/ је пастирски оброк и јединствено укусан специјалитет Источне Србије. У време Ђурђевданских дана, један

дан пре Ђурђевдана, Ђурђевштина, у селима брдско планинског дела власотиначко-црнотравског краја, бере се цвеће, плету венци, прави белмуж и врши одлучивање јагњади. На Премлаз, јагањци су се одлучивали и почињала је мужа оваца и обавезно припремао белмуж, да овце и те године имају више млека.

Тај дан овчара у овом крају се прослављао на месту где се славио Ђурђевдан, тако што се од млека помуженог и бело-кукурузног брашна правио *белмуж* на овакав начин:

У групама планинских засеока Србије се увече помузу овце, потом подсири млеко и из цедила извади млади неслан сир, који се пре стављао у котао. Потом се котао стављао на ватру и стварањем кашасте масе, обавезно се додавало бело, некад и жуто кукурузно брашно (проја) и потом засолило и варјачом - дрвеном кашиком мешало и кувало док се потпуно не испари вода. Таква кашаста маса - *белмуж*, после кувања на ватри, служио се на ливади или за совром.

Тако се прослављао дан овчара - почетак муже оваца, која је трајала све до јесени. Овај рецепт за белмуж је јединствен на Југу Србије, а постојао је и у селима Заплања-подножја Суве Планине.

Данас се белмуж често припрема на исти начин, али на шпорету. У посуду са дебљим дном ставите сир и на лаганој ватри мешате док се не растопи и почне да "конча". Додати брашно у млазу, мешати да масноћа изађе на површину. Добиће се смеса налик на качамак, али мекша. Једите сместа, док се пуши...

Послуживање Белмужа:

За белмуж је потебно₃₂имати   стварно

првокласни бели сир, а не сме бити старији од два дана...*Казу да који мушки једе белмуж, здраву храну од сира и кукурузног брашна, буде леп до старости, када му коса побели...Пријатно ! Састојци за припрему белмужа: 1 кг младог, неосољеног, најбољег овчјег сира, 400 грама кукурузног брашна (не палента).*

* *

СТАРИ РЕЦЕПТ: БЕЛМУЖ НА СРЕДОРСКИ НАЧИН - забележили: ученица Савић Александра и Мирослав Младеновић, локлани етнолог, Власотинце, Србија

Састојци : 1 л млека, 200 грама сира младог, 10 грама соли, па се то све стави да се кува обавезно у бакарни котао на огњиште, меша се варјачом, потом када се маса искува, додаје се кукурузно брашно по потреби. Када се мешањем то све скува, онда се сипа у бакарни плек (тепсију) и када се охлади, онда се сече на "коцке" и служи уз трпезу.

Казивач: Савић Славица (60.г) село Средор, 2002.године

*

БЕЛМУЖ НА КАЛАНСКИ НАЧИН-

Забележио: Мирослав Младеновић, локални етнолог из Власотинца, Србија

Узме се сремуш биљка (дивљи бели лук) па се скува чорба, која је добро усољена-онда се се томе дода овчје млеко, млад сир и кукурузно брасно, па све то меша варјачом (дрвеном кашиком) и добро искува у котлу на огњишту. Може и данас да се справља на шпорету на дрва. Планинска биљка **сремуш** *(има је изнад 800 метара надморске висине) белмужу даје укус, а белмуж се прави на дан Ђурђевдана, када је и премлаз. Када се охлади спремљени белмуж, онда се једе. Запис из села Кална-Црна Трава. Казивач: Петковић Раде (1945.г.) с. Кална (Ц.Трава)*

(Извор: Gastronomija Srbije - srpska kuhinjawww.panacomp.net/srbija?s=srpska_kuhinja - Кеширано
BELMUŽ NA KALANSKI NAČIN - Zabeležio: Miroslav Mladenović lokalni etnolog. Uzme se sremuš biljka (divlji beli luk) pa se skuva čorba, koja je dobro ... **http://www.panacomp.net/srbija?s=srpska_kuhinja**)

*

Serbian Gastronomy - Gastronomy of Serbia

Belmuz is shephers' meal and delicious speciality from the Eastern Serbia. ... Belmuz recipe - the way of Kalna village - recorded by Miroslav Mladenović local ...www.panacomp.net **www.panacomp.net/serbia?s=srpska_kuhinja** Gastronomija Srbije - srpska kuhinja panacomp.net/srbija?s=srpska_kuhinja - Кеширано Srpska kuhinja - gastronomija Srbije ... Gastronomija Srbije - srpska kuhinja ... BELMUŽNA PLANINSKI NACIN - Zabeležio Miroslav Mladenović, lokalni ... http://panacomp.net/srbija?s=srpska_kuhinja

* *

ПРИЧА О БЕЛМУЖУ:

Белмуж је добио назив на овај начин. Муж је послао жену да га одмени и да из шуме донесе дрва за ватру на огњишту.

Муж у време оскудице и сиромаштва, није знао како да спреми ручак својој жени. Пошто је једино имао сир онако неслан из цедилке, ставио га у котао на огњиште, а помоћу дрвене мешалице мешао тако док се није створила кашаста маса, која се „одваја" од дна котла.

Онда се муж досети да у кући има и воденичног брашна, па тако стави у ту смесу, онда то добро „меша" пуних сат времена и стави мало соли-па тако доби смесу, скојом је дочекао своју жену гладну из шуме. Жена га приупита-шта ми спреми за ручак. Муж јој одговори-ево погледај. Жена погледа-белеје се ко бела планина, а направил га њозин муж. Она онакој од радост рече-овој је прав БЕЛМУЖ. Тако и ова кашаста смеса коју је направио сиромах овачар својој жени доби и назив Белмуж. *Запис:* 1976-2008.године, села: Преданча (Г.Дејан), Крушевица, Козило, Средор, Кална, Црна Бара-власотиначко-црнотравски крај, република Србија

Забележио: *Мирослав Младеновић* наставник ОШ „Карађорђе Петровић" село Крушевица, ОШ "Браћа Миленковић" село Шишава и локални етнолог Власотинце

*

36

(PEČALNIK (Zavičajne priče, Legende, Predanja, Zagonetke...)
www.mycity.rs/.../PECALNIK-Zavicajne-price-Legende-Predanja-Zagonetke_2.html -Keširano - Slično 20 мар 2010 ... Мирослав Б. Младеновић Мирац. Profil ... Забележио: Мирослав Младеновић 82. .... Она онакој од радост рече-овој је прав БЕЛ МУЖ.
http://www.mycity.rs/Nasa-pisana-dela/PECALNIK-Zavicajne-price-Legende-Predanja-Zagonetke_2.html)
* * *

ЗАПИСИ О ЂУРЂЕВДАНУ У СЕЛИМА:

На почетку 21. века(мај 2007.године) уз помоћ својих ученика сам прикупио записе о ђуђевданском обичају у селима: Црна Бара, Шишава, Скрапеж, Липовица, Ломница и Комарица.

ЂУРЂЕВДАН у власотиначком крају

Село Црна Бара:

На *Ђурђевдан*-један дан пре Ђурђевдана девојке плету венце, беру цвеће, премузују се овце и прави се белмуж.

На Ђурђевдан се кољу јагњад .

Девојке су рано ујутро мишле у поље да беру цвеће, а онда су кући од њих плеле венце и качиле на овцама и кравама.

За то време певале су многе песме:

*„О венче, венче
Оће ли ме момче
.............................."*

Девојке су током дана плеле венце од цвећа и стављале их стоци о врат да више имају млека. Најстарији мушки члан породице ишао је да сече гране врбе, а тим гранама китиле су се капије.

После Ђурђевдана се промузују овце. Овчари су стављали мараму(цедиљка) на неку посуду (котле) и тако су музли овце, а онда су мешањем млека и сира правили *белмуж.*

На *Ђурђевдан* се се организовао ручак на месту где су се промозувале овце на *премлаз (премуз)*, где су људи ишли један код друге на ручак као неку славу.

*Веровање.-*У прошлости људи су давали велики значај многим веровањима верским празницима па и Ђурђевдану.

Наравно на тај дан се ништа није радило по пољу или домаћинству.

Тако је постојао обичај да за време Ђурђевдана се раном зором секли комадићи њиховог крзна или перја и носили их и закопавали у бробињало (мравињак)-па говорили да имају толико стоке или живине колико је бробињака(мрава) у бробињалу(мравињаку).

Домаћице сваког домаћинства спремале су обилну вечеру пуну ђаконија..

Млади момци и девојке су се увече сакупљали на неком месту, разговарали, дружили се, а било је и много народних игара (кола). Тако се то радило у прошлости.

Данас има много разлике у слављењу Ђурђевдана, али је остало још неких обичаја, као например да људиките капије у сваком дворишту у село, празнују, ништа се не ради тога дана, спремају обилно јело пуно ђаконија, а и ручак. Девојке се окупљају, али на друга места.

*

Белмуж- У село Црна Бара *три дана* после *Ђурђевдана* се правио **белмуж**.
 Од свеже помуженог млека правио се домаћи сир. Сир се стави у бакарни котао на жариште и стави се бело кукурузно брашно.
 Онда се меша док сир отопи.
Касније у неку већу посуду сир се меша млеком а уједно и кува.
Оставља се на хладном месту док се не стегне и **белмуж** *је спремљен.*
*

Црнобарски запис о Ђурђевдану

Село Црна Бара је било познато сточарско планинско село. Овчарило се по колибама изнад села све до 60. година 20. века.

По сточарењу су остали и топоними:Јагњило, Ратка Бачевина и друга места на потесу обраслом буковом шумом планинског узвишења Букова Глава.

На тим местима су била гумна-колибе са стоком:штале са кравама и коњима и трле са овцама и козама. На гумно се врло жито коњима или кравама(воловима) око стожета.

То је постојала и патирска колиба у којој се спавало и живело са породицом.

Према казивању *Раде Петровић* (девојачко *Младеновић*, рођена 1941.г. у с. Црна Бара) и њеног оца Луке Младеновића(рођеног 1931.г.); у село Црна Бара Ђурђевдански дан (6 мај) се славио као овчарски празник.

Сви обичаји везани за тај дан, слични су као и код других околних села.

На Ђурђевдан је више домаћинства удруживало овце и козе и рано ујутру их истеривало на пашу

Од тога дана је вршена „забрана" паше по ливадама, које ће бити кошене, а касније ће бити утринска паша за њих као испаша све од Ђурђевдана до косидбе ливада.

Црнобарци су на Ђурђевдан се по „групама"-бачијама, распоређивали у прослави Ђурђевдана и прославу на бачијама: премлаза-премуза, када су се одлучивала јагњад и почела мужа оваца.

На Ђурђевдан се после „муже" млека на гумну-после обављене испаше, паланзом (кантаром-справа за мерење тежине) мерила количина млека и на основу тога се одређивао распоред „муже" оваца на основу броја литара помуженог млека по стаду.

Тако је „једно кило"-литар млека одређивао „један дан муже" оваца у „групи"-Бачије.
Тог дана се одређивала и накнада за пастира чувања стада оваца све до Миторвдана.
Ђурђевданско цвеће се брало на Ђурђевштину (5 маја увече) или ујутру рано пред зору на сам дан Ђурђевдан 6 маја.
Девојке су са собом носиле копаче и цедило у коме се брало ђурђевданско цвеће.
 Чим се цвеће набрало, девојке су се претицале која ће прва да оде до места где су се плели венци.
Веровало се да ће се та девојка прва удати.

Док се брало цвеће и правили венци, девојке песмопојке су певале ђурђевданске песме.
Венци су се китили на потесу *Црнатовска Долина.*
Ту су девојке плеле до пет венаца и певале ђурђевданске песме.

Венци су се плели:за овцу која се прва ојагњила, за кућу, за јагње које се прво ојагњило, за котле (у које се прво музе овца која се прва ојагњила, за трлу, за шталу.

Док су девојке исплеле венци, у том времену њихове мајке су им доносиле ручак: погаче, баницу, сирење и уз „смејање се руча.

Када се врате кући, онда се венцима оките капија, кућа и обори за стоку.
Наравно да се оставе два венца.за оцу која се прва ојагњила и за њено јагње, који им се стављају на Гумно, када се промузује прва ојагњена овца.
Гумно се налазило ван кућа.
Ујутру на Ђурђевдан овчар „селином" истера своје стадо на пашу по ливадама, чак и по „зеленом житу".
 Када су се овце напасале, онда су промузуване на гумну-на „страгу".
 Овци која се прва ојагњила јој се ставља венац око врата и прва се прумузује преко „страге".

 „Страга" је отвор на обору , где улазе и изилазе овце на пашу.
За Ђурђевдан, „старга се кити цвећем на полусавијену леску, испод које седи домаћица када музе овце.

На „страгу" домаћица или домаћин промузује овцу у котле-ведро (чабар) кроз малу рупу на *кравају* (мала погача) који је умешан за ту прилику , које је постављено на рупицу, где се у њој ставља ускршно јаје и колеђенка (колач) са овчаром и овцама од бадње вечери.

Завежуљак са ускршним јајетом и колеђанком (колачем) је предходне ноће био стављан у *бробињалу* (мравињаку), одатле је рано ујутро, на Ђурђевдан, преношен и остављен испод котле. Цео овај обред, према веровању, требало је да значи да ће овчрска година бити добра и да ће се овце множити као мрави.
У току дана цело село је уз гајде и игру славило Ђурђевдан код „крст" у село Црна Бара.

Веровање:-За Ђурђевдан ујутру домаћин изађе испред куће и гледа около какво је време. Ако се у долинама и јаругама неких села и вароши појавила магла, онда ће на то место у току лета падати град. Веровало се да ако на Ђурђевдан буде кише обда ће бити лоша година, а ако буде лепо време, онда ће бити родна година.

Премлаз (Премуз):- После Ђурђевдана, овчари су имали свој дан. То је дан када су се *премузувале* овце, односно када се утврђивало за свако домаћинство колико ће килограма сира добити, а према млеку које је тог јутра се намузло од свог стада.

Тог дана су се *лучила шилежина* (јагањци до шест месеци), јаловице и овнови, односно тог дана су се у село формирале „*групе*“ које су смузавале овце.

Тај дан овчара се посебно ценио и славио са одређеним обичајима и обредима. Овце су пуштане ујутру да пасу у „забрањеним ливадама“ и „зеленом житу“ да се добро напасу. Онда су у „групи“ промузуване и тада су се јагањци одлучивала. Од помузеног млека од оваца и коза се правио **белмуж**. **Белмуж** се правио као и у осталим оолним селима. Та овчарска посластица се касније уз друго јело и пиће јела код домаћина на ручак, који је у „*групи*“ имао највише литара помузеног млека тога дана на **премлаз**.

(Извор: Новица Тричковић:-Потеси у атару Црне Баре, Власотиначки зборник 2, Власотинце, 2006.године, страна: 351)

Записи: 2007.г. и 2015.г., Власотинце

Казивачи: Лука Младеновић (рођеног 1931.г.)село Црна Бара(живи у Власотинце) и Рада Петровић (девојачко Младеновић , рођена 1941.г. у с. Црна Бара) , живи у Власотинце

Забележио: Мирослав Б Младеновић Мирац локални етнолог, Власотинце, Србија

* *

Народна изрека о Белмужу:

Постоји народна изрека у овом крају да је *белмуж* добио назив на следећи начин:

- Жена отишла у дрва у браниште да донесе дрва уврзак на лећима...а рекла своме мужу:" Кад се врнем да спремиш једење". Муж није знао шта да ради, пошто су били сиромаси.

Обрне се око себе и види само сир који се у цедилку правио. Узме тај неслани сир из цедилке и стави га у котле на огњиште. Тако га мешао мешаљком (варјачом), све док се није „одвојио" од котлића. Потом се снебивао и нађе кукурузно брашно, самлето у воденици поточари. Узме стави то брашно, посоли га и мешао мешаљком (варјачом) поново у „круг", док се није одвајало од дна котлића.

Тако муж спреми ручак својој жени. Када је жена дошла из дрва, изнесе јој то за ручак. Жена виде бело „сирење" и мужа „белог" од брашна, па од радости му рече:" Е мој мужићу овој ти је белмуж".

Тако и се доби назив БЕЛМУЖ.

*

Запис: мај 2007.године село Црна Бара, Власотинце Казивач:Смиља Костадиновић (рођена 1928.г.) село Црна Бара, Власотинце
Забележили: ученик Небојша Костадиновић и наставник Мирослав Младеновић ОШ „Браћа Миленковић" село Шишава, Власотинце

*

46

Фото запис 1976.г. Драгослав Миленковић (1957) из с. Црна Бара (Власотинце):-Међу последњим овчарима са бачила „Јагњило“, где се „бачило“; а коњ је служио за услуге ношења товара на самару: хране, млека , сира до кућа села...

* * *

Село СРЕДОР:

- *Ђурђевштина (5 мај):*-На *Ђурђеевштину (уочи Ђурђевдана)* жене иду да беру цвеће, од које се праве венчићи и стављају их овцама око врата а потом из измузу.

Када жене беру цвеће а неки мушкарац дође код њих оне га ухвате и окупају га.

Запис: мај 2008.године село Средор, Власотинце
Казивач: Сретен Миленковић село Средор, Власотинце
Забележили: ученица Марина Миленковић и наставник Мирослав Младеновић ОШ „Браћа Миленковић" с. Шишава, Власотинце
*

Премлаз:- Сакупе се девојке и жене и иду да плету венци кде река протиче и после кад дођу кући ставе на овцу венац, ставе венац и на котле што музу млеко и тако помузу овце. Где овце пролазе исплете се венац и закитиб се. Онда се пустају овце у пашу-за здравље, за напредак стоке.

Додоле.-Девојке се обуку у бело и зађу малу и певају. Када заврше купају се у руку. Једна другу плискају (прскају) и певају. Певају да пада киша. **Бачевина** се викало **Чобанчевица.**

Литије.- Под крст се носи колач, славски колач и

48

остала јела па се сече колач, једе, пије, слави се слава.

Запис: мај 2008.г.се ло средор, Власотинце

Казивач: Верица (девојачко Маринковић, село Липовица) удата у село Средор Ђикић, Власотинце

Забележили: Ученица Јована Ђикић и насзтавник Мирослав Младеновић „ОШ „Браћа Миленковић" с. Шишава, Власотинце

*

СТАРИ РЕЦЕПТ БЕЛМУЖА НА СРЕДОРСКИ НАЧИН:

Састојци : 1 л млека, 200 грама сира младог, 10 грама соли, па се то све стави да се кува обавезно у бакарни котао на огњиште, меша се варјачом, потом када се маса искува, додаје се кукурузно брашно по потреби. Када се мешањем то све скува, онда се сипа у бакарни плек (тепсију) и када се охлади, онда се сеце на "коцке" и служи уз трпезу.

Запис: 2002.године село Средор, Власотинце

Казивач: Савић Славица (60.г.) село Средор, Власотинце

Забележили: ученица Савић Александра и Мирослав Младеновић наставник ОШ "Браћа Миленковић" село Шишавга, Власотинце, Србија

* * *

Село Липовица:

Некада у давно у време *Ђурђевдана* девојке су брале цвеће и сакупљале се на реку, плеле венце, а бацале су низ воду цвеће и венце, певале песме, прскале се водом.

Венчићем се китила овца која се прва охајњи а китилиле се капије, стављало по зидовима кућа. Сви који су имали овце на Ђурђевдан су се сакупљали на одређена места у село.

Овако се правио БЕЛМУЖ:-Људи који имају стадо оваца или крава сакупљају млеко заједно, ставе у велики котао на жару (ватри), затим ставе мало више водфеничног кукурузног брашна и тако мешају док не преври.

Онда када се скува људи који су дали млеко-заједно поделе.

Запис: 2008.г. село Липодица, Власотинце
Казивач: *Мирјана Цветковић* (рођена 1948.девока из с. Комарица) удата у село Липовица, Власотинце
Забележили: Ученица *Јелена Цветковић* и наставник *Мирослав Младеновић* ОШ „Браћа Миленковић" с. Шишава, Власотинце

* * *

Село КОМАРИЦА:

За Ђурђевдан се китиле капије врбом и крстоноше су ишле кроз село. Славила се слава и долазили гости. Остали обичаји око Ђурђевдана су слични као у суседним селимима.
Запис. 2007.г. с. Комарица, Власотинце
Забележио: *Мирослав Мкаденовић*, локални етнолог Власотинце

*

Село ЛОМНИЦА (Доња и Горња):

Ђурђевдан некада:-Ђурђевдан увек пада 6 маја-непроменљив је дан. Увек у то време почиње да листа гора, а у давнина се говорило да је „ђурђевданак хајдучки састанак", (а у овом крају је било доста хајдука у времену владавине под Турцима, Подвукао:М.М).
Дан пре Ђурђевдана сви би ишли обично поред реке и доносили врбе китећи своје капије-куће аи штале.
Данас деца журе у предвечерје Ђуређевдана да оките своје капије, кровове, врата и прозоре.
Један дан пре Ђурђевдана-на Ђурђевштину, младе удате жене и девојке устају рано ујутру и беру врбице и ливадско цвеће и праве венце за главу, торове и за овце.

51

Иде се у поље-ливаде, девојке беру цвеће, на реку плету венци-а жене које не плету венце доносе ручак и ту се руча.
Онда се овце промузују. Овца која се прва промузе ставља јој се венац, а он стоји све док га остале овце не поједу.

Увече се беру врбице и ставља се на капије куће и стоке.
Ујутру на Ђурђевдан најстарија жена у кући меси шупљу погачу преко које се ставља плетени венац. После тога се кроз ту погачу музу овце и која се овца прва помузе, њој се ставља око врата венац, који је био преко погаче и разбија јој се живо јаје о главу.

Касније младе жене-*додолице* иду до ближње реке, затим иду кроз село и певају:

„Крст ти носим,
Бога молим,
Ој додо додоле,
Дај ми ми боже
Ситну росу,
Ој додо додоле,
Да ороси наше поље,

Ој додо додоле.
..........................."

Кад додолице иду кроз село оне певају песму а људи их прскају водом и бацају цвеће на њих и моле се Богу за родну годину.

Уочи Ђурђевдана виђенији људи у село са барјацима подигнутим у цркву шетају пољима носећи литије, а све у циљу да им година буде родна, а поља заштићена од временских непогода.

Поред места-обично „карактеристичног дрвета" (записа), литије би се заустављале, певале би се песме пољу и води.

Око поднева људи који славе Ђурђевдан иду на крст и заобилазе га три пута , затим пре тога пале свеће за живе и мртве. Када се церемонија заврши око крста поп (свештеник) би ишао од куће до куће да свети воду. Са освећеном водом домаћин пије једном и тако сви у породици.

Увече би се одлазило на место где је сеоски крст. Ту би поп (свештеник) осветшао водицу, а сељани би палили свеће за своје живе и мртве. Освештену воду би понели кућама и тамо је чували.

Ђурђевдан данас:- Ђурђевдан је данас за нас православце велика слава. Многим породицама је крсна слава, а у многим селима је сеоска слава-литије.

Дан пре Ђурђевдана сви би ишли обично поред реке и доносили врбе китећи своје капије-куће аи штале. Данас деца журе у предвечерје Ђурећевдана да оките своје капије, кровове, врата и прозоре.

Веровање:-На дан Ђурђевдана идемо у цркву и запалимо свеће и помолимо се. Чим стигнемо кући мама нас пошаље на купање дaje нам црвено jaje које чува за ускрс (велигден) да се њиме протрљамо док се купамо. То је обичај, да деца буду здрава весела.
Вече пред Ђурђевдан прошетамо до оближњих врба, одломимо

неколико грана и њима окитимо капију. То се ради по причама старијих, да би краве и овце имале више млека и да би стока била напреднија.

Данас се бере бела врба и ките капије, врата. Не бере се црвена врба јер не може да цвета. Онда ко је домаћин села, доноси крст који је преузео прошле године, па се односи свећа, колач, пшеница, онда свештеник чита молитву.

Сви људи из села дођу да запале свећу за мртве и живе.

Запис: мај 2007.године, село Ломинаца (Доња и Горња), Власотинце
Казивачи: Доња Ломница: Ђуђа Крстић (1948.г.) и старији у фамилијама:*Миленковић, Веселиновић* и *Мишић* у Доњој Ломници; Горња Ломница: *Борисав Стаменковић* (82.г.рођен 1925.г.), Власотинце
Забележжили: Ученици :Јанковић Ивана, Крстић Марија, Филип Миленковић, Мишић Данило, Веселиновић Душан и наставник *Мирослав Младеновић* ОШ „Браћа Миленковић" с. Шишава, Власотинце

* * *

Село СКРАПЕЖ:
Један дан пре Ђурђевдана, петог маја ишло се у ливадама да се бере цвеће. Жене и девојке су ишле у „здравче венце".
Домаћице би омесиле погаче, припремиле сир и кувана јаја-мастена (фарбана) јаја.
То све би стављале у цедиљку и носиле на рамену. Из целог села су се скупљале жене и ишле су у једну реку где су плеле венци од оног цвећа што су набрале на ливади.

Онда изађу на ливаду и ту изваде јело, једу и онда крену кући, успут певајући.

Певале су песме:" Каранфил се на пут спрема. Чобан тера овчице, три ливаде нигде лада нема...".

Увече кад дотерају овце са паше, онда на једну од њих стављају венац око врата и терају их са једном биљком која се зове Селин(селен) и са врбом.
Када се мало смрачи ките се капије врбом.
На дан Ђурђевдана, пре изгревања сунца иде се у поље и врба се ставља у сваку њиву.
Када се врате кући припреме се и иду у госте на славу, а такође и они који славе се припремају за дочек гостију.

У прошлости ђурђевдански обичаји су били занимљиви. Ишле су жене (девојке) у цвеће, брале су тазне биљке, доносиле су их кући и певале ђурђевданске песме, па су један другу квасиле водом- да пада киша.
Ко је имао овце, месиле се погачице, која је била на средину избушена-па се стављала биљка звана селин. Кроз њу је музено млеко од оваца, а не кувано се стави код ноге на овцу па кад се то заврши јаје јој се поломи од чело. Тој овци се исплете венче од разног ливадског цвећа и стави јој се око врат. Увече се беру врбице и ките капије.

Премлаз је био један дан пре ђурђевдана-на ђурђевштину, када су се овце промозувале, одлучивала јагањци и започивача мужа оваца и скупљало млеко да би се од њега бучкањем у бучкама правило масло-маслац.

Запис: 2007.године село Скрапеж, Власотинце
Казивачи: старије жене из родова:*Ђокић, Младеновић* и *Богдановић у* село Скрапеж, Власотинце
Забележили. Ученици: Горица Ђокић, Кристина Младеновић, Јована Богдановић и наставник *Мирослав Младеновић* ОШ „Браћа Миленковић" село Шишава, Власотинце
* * *

Село ШИШАВА:

По *Ђурђевданском обичају* се устајало рано пре зоре око 1 или 2 часова ујутру и тада се ишло у поље и ливаде, брало се цвеће, а после се одлазило на реку и плели венци, где се певало, веселило и прскало водом.

Дан пре Ђурђевдана- на Ђурђевштини, у сумрак ишло се за црвену врбу, којом се китила капија и кућа.

Домаћин је доносио црвену врбу, давао својој домаћици и она са децом најпре китила главну капију дворишта, малу капију и потом се певале ђурђевданске песме.

Увече истог дана са цвећем ишло се под „*крст*“, којим ће се закитити капија и обори у дворишту.

Када се окити капија, онда се оките улаз, врата и прозор; потом се китиле: штале, обори-да би имало у кући што више стоке.

За Ђурђевдан је свака породица добро се припремала за тај дан. Свако двориште куће је било пометено, очишћено, а спремала се храна и пиће.
 На сам дан пре подне домаћинства су на ђурђевданској слави обилазили музиканти Роми из Власотинца уз добијање бакшиша за свирку.

Гости су долазили из ближе и даље околине, а после подне је одржавана велика игранка “Под крст”.

Трећи дан славе је свети Марко и тог дана “Под крст” се светило масло.

У село Шишава уочи славе Ђуђевдан(а и на Ђурђевдан) певале су се додолске песме.
Додолске песме су певале девојчице и девојке које су

ишле по кућама и призивале кишу у сушне дане.

Некада у село Шишава су се, организовале и поворке крстоноша. Организоване су у време сеоске славе Ђурђевдана. Поворка се формирала на месту где се налази крст.
 Носили су црквене барјаке са крстом и обилиазиле атар села. Стајали су код неколико великих и старих дрвета и на њима урезивали крст.

Такво дрво се звало запис. Циљ крстоноша је био да се поље заштити од недаћа, пре свега од града и суше и да поље роди.
Крстоноше су певале крстоношке песме.

Данас пре *Ђурђевдана* на *Ђурђевштини*,   деца и млади иду да секу гране од црвене врбе, те се тим гранама ките капије куће и ограде – сви објекти који се налазе у дворишту.
После заласка сунца се одлази у врбаке и онда се ломе гране од врбе.
Успут до својих кућа се деца и омладина прскају водом низ реку Шишавицу док стигну кући.
 Настављају игру и онда сваки своју капију кити врбом, а ките се и врата на осталим зградама у дворишту.
Увече истог дана иде се под „*крст*“ са цвећем којим ће се закитити капија и кућа.

Након тога се пале свеће за здравље чланова породице

Сутрадан се слави Ђуђевдан.

Један човек у село буде домаћин, меси колач и спрема ручак а следеће године други.

Тако иде сваке године. Пре подне свирају музиканти (цигани из варош) од кућу до кућу за бакшиш.

И данас се иде у гостима, само нема игранки у село него вашара који долази тог дана у село. Пре нису били рингишпили.

Ту се окупља доста деце и омладине, а када се скупи доста људи онда најстарији узима метални предмет под називом Клепат и креће кружење око "Крста". Кад је прави дан Ђурђевдана, цео дан се дочекују гости и слави слава. Омладина обично одлази под Крст где има пуно песме и музике.

Сада поп (свештеник) долази на трећи дан после Ђурђевдана-Светог Марка.

Трећи дан нека домаћинства у село славе Марковдан, тако да сви људи овог села жељно очекују овај празник да га лепо прославе.
*

Веровања- Свака девојка стави свој венчић на главу и певајући одлази кући.

Ишло се са венчићем од куће до куће и кроз њега промузли овце, краве, козе, да би се по веровању добијало више млека.

- Један дан пре *Ђурђевдана* девојка узме на белом луку пресече 3 перцета и „везе" три момка која воли, а ујутру на Ђурђевдан би сазнала ко ће бити њен момак, на основу тога које се перце од лука ноћу највише да израсте

- У очи *Ђурђевдана 5 маја(Ђурђевштина)* узме домаћин маказе и оде у поље да убере врбу и то црвену, којом домаћица са децом кити капију, врата на кућу и свим објектима у дворишту.

По веровању црвена врба са ресама је симбол радости у кући и рода у пољу.

*

Крстоноше:-Исто тог дана сакупила би се омладина и домаћин узме из цркве барјак и заобиђу „крст" а онда продуже да заобиђу поља. У пољу су се налазила 3. дрвета која се звала записи. А онда се враћају заједно до крста и свако ко хоће иде кући а ако жели може да остане. Тај обичај се звао *Крсте-Крстоноше*.

Крстоноше:-Ујутру 6 маја док још није изашло сунце рано иду крстоноше у обилазак сеоског поља.

Жене, девојке певају, наричу да падне киша, да буде родна година беру цвеће, плету венце од пољског цвећа и стављају на глави.

Крстоноша мушкарац носи крст, помоћник икону за њим а остали за помоћником и певају, носе цвеће, вино, ракију, нешто хране и воћа. Тако иду да обиђу цео сеоски атар.

Кад стану да предахну, они мало једу, пију и играју и моле Бога да им подари родну годину.

Музика иде са њима, обично гајдаш и свирач на фрули.

Кад обиђу сеоски атар, онда се растају, сваки својој кући да спремају ручак-да госте који им долазе угосте на литије.

Када гости ручају скупа са домаћином иду на сабор у центру села где је крст.

Тамо се игра коло-обично свира плек музика(трубачи) и траје до касно у ноћ.

- Пре 55 година мој деда и његови другари ишли су ујутру у цркву.-„Поп пође са нама, ми идемо са црквеним барјаком, крстом и певамо крстоношку песму кроз поље:

„Крст носим, Бога молим,
Господе, помилуј,
Да зароси росна киша,
Господе, помилуј,
Да пороси наше поље,
Господе, помилуј,
Наше поље и друмове,
Господе, помилуј,
Од два класа шиник жита,
Господе, помилуј,
Од два грозда чабар вина,
Господе, помилуј.”

- Изидемо цело наше поље шишавачко и на највеће
дрво направимо крсте, задељемо секиром дрва и то
на дрво које се зове Запис.
Сељаци не смеју да секу то свето дрво.
Кад се обиђе цело поље иде се певајући код „крст“.

Тамо кад дођемо код „крст“-чекају нас бабе, мајке,
тетке и носе сито са пшеницом. Они певу и заоде око
крст“-тако је *Бранислав Тодоровић*(1938.г) испричао
у овом запису свом унуку ученику *Миљану*
Тодоровићу о Крстоношама и обичајима у време
ђурђевданских дана.
Запис: мај 2007 г. село Шишава, Власотинце
Казивачи: Босиљка Стаменковић (64.г,), *Бранислав*
Тодоровић (рођен 1938.г), *Мирјана*
Димитријевић(1952.г), *село Шишава, Власотинце*
Забележили: Ученици: Марија Митић, Предраг
Димитријевић, Миљан Тодоровић, Габријела
Милановић, Милица Стаменковић, Драгана Вељковић
и наставник Мирослав Младеновић ОШ "Браћа
Миленковић" село Шишава, Власотинце

* * *

Фото запис 1.мај 2012.г. с. Горњи Орах
(Власотинце):- једна од последњих овчарица са
белим стадом, јагањцима и псима овчарима...
*

ЂУРЂЕВДАНСКИ ЗАПИСИ: црнотавско-заплањако-лужничко-пиротски крај:

У овом делу југа Србије, ђурђевдански обичаји су слични као и у другим суседним селима власотиначкога краја. Наравнода се становништво селило и расељавало, па је за собом попримало или доносило своје обичаје, па и ђурђевданске из свога завичаја.

На неколико примера у поменутим селима:Кална(Црна Трава), Брестов Дол(Заплање-Лужница), Црвена Јабука(Лужница) и присјан (Пирот), подсетићемо се на нека давна прошла времена о ђурђевданским обичајима овога краја југа Србије.

*

Ђурђевдан у село Кална (црнотравски крај):

Овчарска слава Ђурђевдан су славили овчари све до 60.година 20 века у црнотравском крају, док је постојало село и се чувала мала и крупна стока. Наравно да се Ђурђевдан и сви обичаји око тог овчарског празника изводили на бачијама.

„Бачије" су настале после раслојавања породичних задруга, јер је било неекономично да се за мали број оваца и коза одређује пастир.

Зато су се домаћинства удруживала у чувању стоке да пређу на удруживање у „бачије".

Пред крај 20 века исељавањем становништва са овог подручја, нестали су и сеоско-овчарски обичаји на старински начин, па и ђурђевдански обичаји.

Овде је опис Ђурђевдана у стара времена, када се бачијало све до 1941.године на планинским пашњацима у црнотравском крају, па и у село Кална.

Опис Ђурђевданског обичаја у село Кална:-На Ђурђевдан, рано ујутру, овце су се напасале на бољим пашњацима, а за то време пастирице су убирале свеже пољско цвеће од кога су правиле три лепа венчића.

Један, већи, стављале су на *котле* у које се музу овце, други око врата овци која се прва музе, а трећи око врата најбољем женском јагњету.

Прва овца се музе кроз малу рупу на *кравају* (мала погача) који је умешан за ту прилику, а испод окићеног *котлета* налазио се мали *завежљај* у коме је било једно јаје, мало трица и соли.

Завежуљак је предходне ноће био остављен у *бробињалу* (мравињаку), одатле је рано ујутро, на Ђурђев-дан, пренет и остављен испод котле.
Цео овај обред, према веровању, требало је да значи да ће овчрска година бити добра и да ће се овце множити као мрави.

Тога дана је вршено и обележавање јагањаца који остају за приплод. Свако домаћинство је имало свој белег, који је прављен засецањем увета на јањету а на различите начине.
Десетак дана иза Ђурђев-дана(у неким селима после 19 дана)- дана био је *премлаз (16 или 25 маја)*.

Премлаз (Премуз):- То је дан када су се *смузувале* овце, односно када се утврђивало за свако домаћинство колико ће ока сира добити, а према млеку које је тог јутра се намузло од свог стада.
Тог дана су се *лучила шилежина,* (јагањци), јаловице и овнови и давали

на *ак* (чување под посебном погодбом) другим овчарима (пастирима), који су их чували преко лета, односно до дана када се бачија расформира.

Бачијарима (овчарима-пастирима) су остајале само овце музаре. Тада се утврђивала и укупна зарада бачијара-пастира, што у новцу, што у млечним производима, а онда се укупан износ „разбијао" на домаћинства, а према броју оваца удружених у у бачију.

Између два светска рата су углавном у село постојале две бачије: денчина и Димитријина. Прва је имала око 3-4.000 оваца и 1.000 коза, а друга преко 2.000 оваца и око 1.000 коза.

Премлаз се одржавао на предходно одређеној ливади и трајао је два дана, а у њему су учествовала цела домаћинства.

Првог дана, по завршетку поменутих послова, ручавало се за заједничком трпезом, која је била богата печењем, погачама, „баницама"(питама) и другим јелима.

Било је довољно ракије, па су се одрасли знали понапити, и поштено провеселити.

Другога дана прављен је овчарски специјалитет, „*белмуж*".

„Белмуж":-Прави се од кукурузног брашна и сира подсиреног предходног дана. Уз постепено додавање млека и масла, ова смеса се кувала 5 сати, уз непрекидно мешање.

Била је то права посластица, тешка за варење, наравно, ако се *пр*е*једе*.

68

На *премлазу*, и за време бачијања, главне личности су били *бачеви*-мајстори за млечене прерађевине: *масло, вурда, мутеница и цвик*.
Дакле . основни производ бачијања био је сир, а затим масло, бурда, мутеница и цвик.

Сир је справљан на тај начин што се млеко сипало у велике *бучке*, налик на каце, па је после двадесетак минута по стављању *сиришта* бућкано осам пута великим *чурилом*, које је ради лакшег повлачења направљено у виду ђерма. Млеко је поново бучкано након једног сата и то 80 мпута.

На овај начин издвајано је масло од сира, који је остајао на дну бучке. Тако справљен *сир* био је посан, али зато чврст и дуготрајан.
Чуван је у дрвеним качицама и по више месеци.

Масло је било драгоцен и веома цењен млечни производ. Употребљавано је искључиво за исхрану чланова домаћинства и то у свечаним приликама. Најчешће је коришћено за мешење *баница* (пита), а неретко је са њим *посипан* качамак.
Да би се сачувало за дужи период топљено је и чувано у чистим емајлираним посудама.
Вурда се добијала цеђењем „сироватке-сирутке-сурутке" (прокувани цвик).

Мутеница(маштеница-муђеница) је справљана посебном технологијом, која је била само позната само *бачевима*(мајсторима пастирима за прердау млечних производа).

У основи, она се састојала у томе, што се непрокуваном цвику додавала *сироватка* (сирутка-сурутка) и млеко, па је та смеша стајала у посебним качицама десет дана.

После тога, смеша је буђкана ради издвајања масла којег је било у цвику, а оно што је остало у *бучкама*-то је *мутеница*.

Мутеница је била овчарски специјалитет. Као освежавајући и веома хранљив напитак, коришћена је у време тежих пољских радова, а често је била замена за вечеру. Чувана је у дрвеним качицама и по неколико месеци.

* * *

ЂУРЂЕВДАН у село Брестов Дол (заплањски крај):

О Ђурђевдану девојке су устајале у зору и ишле на уранак, песмом напуштале село и одлазиле у Лајћиловачку долину - где су на потоку плету венце од убраног цвећа (здравац) на Сувој планини.
Док су брале ђурђевданско цвеће и плеле венце, девојке су певале ђурђевданске песме.

Девојке су плеле   по три венца:
За овце, за јагње и пчелу.
За њима су долазиле младе снаше, те године удате
и доносиле им доручак: погаче из црепуље, сир, јаја
и даровале су девојке.
После тога се одлазило својим кућама и изводио
ђурђевдански обичаји као и у осталим заплањским
селима лужничкога краја.

* * *

ЂУРЂЕВДАН село Црвена Јабука (Лужнички крај):

Село Црвена Јабука је у прошлости била богата
овцама, па је на посебан начин обележавала и
славила Ђурђевдан (6 мај).
Тог ђурђевданскога дана се овцама поклањала
посебна пажња у погледу испаше и хране.
Тада су домаћини овако говорили: „Иду на пашу на
најбоље ливаде и добијају најбољу храну крмило, да
и оне осете да је то њихова , а не само наша слава".

Девојке су устајале рано, одлазиле у бербу цвећа и од
набраног цвећа правиле венчиће којим су се китиле
овце и јагањци; један венац се стављао на ведро за

мужу, а други венац овци која се прва ојагњила и венац њеном јагњету.

Китили се обори у којима се обављала ђурђевданска мужа оваца.

За овај празник свако домаћинство коље јагње и пече га на ражњу и од овчјег млека спрема сир. Заједно са колачем, сиром, баницом (питом) и печеним јагњетом, домаћини понесу најбољу ракију препеченицу и нађу се код сеоске цркве.

Свештеник обиђе сваког домаћина, сече колач и део узима за себе, грудву овчјег сира која је донета у целости, сече на четири дела и једну четвртину узима за себе, а потом и од јагњета узме једну плећку. После обреда наставља се ручак и заједничко славље уз музику, песму и игру.

* * *

ЂУРЂЕВДАН у село Присјан (пиротски крај)

Ђурђевдан је слава сточара, па је свако село у власотиначко- власинско-лужничко-пиротском крају некада славило Ђурђевдан као овчарску славу, али уз верске обреде.

У село Присјан у пиротском крају - некада се овако славио Ђурђевдан као дан овчара.

Један дан пре Ђуревдана младе жене се окупе (три и више) , узму цедило и срп, изађу изван села до реке и наберу здравац, а у повратку насеку младу сочну траву и прегршт бујне пшенице и однесу својим кућама.

У рану зору на Ђурђевдан девојке и младе жене узму здравац, припремљене врбове прутове и вунени конац, црвено офарбан.

Оду на реку и изнад воде извију два венца, а на трећем пруту извију здравац који се не савија у венац.

Један венац се ставља око врата јагњету, које ће тога дана бити заклано као приношена „крвна жртва" том верском дану овчара.

Други венац се ставља око врата његовој мајци, као дар што је ојагњила и очувала то јагње.

Набрана трава ситно се сасече, па се помеша са куваним кукурузом, посоли се па се све то однесе на овчарник, сипа у припремљена корита, те то поједу овце пре муже.

Овчар пре муже рано пушта овце да пасу-попасак.

Тог дана се овце пуштају да пасу у „забрањеној ливади" за пашу, па чак и у бојној пшеници.

Негде око осам сати ујутру се са те паше овце дотерају на овчарник и поједу припремљену крму. Пошто су окачени венци , врата кроз ко ћер проћи овце при мужи окићена су венцем.
Испод ведра, у коме се музу овце, ископа се рупица и у њу стави коврждан(колач-плетеница од хлеба, колеђанка, омешена као обредна

погачица за бадње вече : са овцама, овчарем и трлом-Подвукао:М.М. 2015.г.), сачуван од коледе (Божића-Бадње вечери) и перашка (мастено јаје) од Велигдена (Ускрса). После тога почиње се са мужом оваца.

Кад се овце помузу члан домаћинства одмах однесе млеко кући да се што раније подсири, оцеди да би сир и умешени колач однели на крст –испред цркве. Перашка(јаје од ускрса) и коврждан (обредни божићи колач) испод ведра се узму и укопају у мравињак, да би се овце множиле као мрави.

Пошто су овце нахрањене и затворене, закоље се цурцил-јагње (ђурђевданско јагње од овце која се прва ојагњила-подвукао:М.М. 2015.г.), припреми ватра и ражањ са јагњетом се почне полако окретати и пећи.

Негде око подне јагње је већ испечено, те онако како је испечено се понесе на „крст“. У то време од куће донесу колач и сир, добијен од млеко помуженог тог дана, вино и друго.

Пре изградње нове цркве, а и касније, у кругу око цркве свака породица је имала је свој камен подешен да се на њему удобно седне. Седишта су била издвојена према родовима-породицама у село.

Кад се сточари окупе и заузму своја места , поп почиње да обавља верски обред, обилазећи од једног до другог домаћинства.

Прекади и пресече колач, мало сипа вина, те од колача узме део између крста.

Тако учини и са сиром, који се налази у једној целини , затим од јагњета узима предњу плећку и доњу вилицу са језиком.

Кад поп заврши са својим обредом, старији чланови домаћинства покупе храну и повуку се кући, а младеж остане играјући у коло.

* * *

ВЕРОВАЊА ВЕЗАНА ЗА ЂУРЂЕВДАНСКО ЦВЕЋЕ

Уочи и ујутру рано пре изласка сунца девојке беру многе ђурђевданске биљке, које су по веровању имале неку посебну магиску моћ.

-Биљка *селин(селен):*-Тако се веровало да пре Ђурђевдана не треба брати *селин (селен)* или га мирисати, а на сам дан Ђурђевдана се узме по један стручак и задене за појас а девојке снаше се заките испод мараме(девојке на леву а снаше на десну страну испод мараме).

Селином (селеном) су се и овце истеривале тога дана на пашу, а њиме су се и овце крмиле.

Веровало се да ће *селин (селен)* имати магиску моћ:*"да им душа мирише као селен".*

- Биљка „*Приваталька"*-Бере се за Ђурђевдан а и касније; како би се по веровању момци „приватали" за девојку, која брањем те траве намени одређеног момка да је заволи.

- Биљка *самобојка* се " наоди куде петлови не поју у корију-*бели петлк лист ко кандиљка*, то је велика *рачинска трава* и тој девојке чувају у појас-ушивају да ги неватају мађије".

- Биљка *обртен*-бере се као цвеће за ђурђевдан да се по веровању момци „обртају-да заволе" девојку(гледајући кроз венчић од цвећа *обртена*)

- У пролеће девојке беру травке-цвеће *Обртен* (као *бела рада-жута цвећка*, пушта лист као *млеч* травка) и праве се колцетија-колце(венчић) и кроз колце момак прогледује девојку и обрнуто-да се момак и девојка обрну, да се воле.

- Често се од биљке *Обртен* исплете "*венчић*" па се стави под неки камен да преноћи. Ујутру девојка га узима, пусти на земљу и ногом удари. Према веровању на коју се "страну окрене" тај венчић обртена, са те стране ће да се "*обрне*"- заволи момак ту девојку.

-*Биљка Млеч:*- Бере се и даје овцама као крмило на -- Ђурђевдан, да овце буду млечне.

- *Лишће и гране Граба (габер,габар, свињаковина):*- да се момци "грабе" за девојку.

- *Биљка Здравац:* Верује се да " овце и људи буду здрави као *здравац*".

Та обредна биљка здравац (веровањем да је свима доносила здравље), са којом су се плели венци и означавао дан овчара - засађена по авлијама и по власотиначким виноградима; остала је као сећање на "Дан овчара" Ђурђевдан (6 мај) некада у повласињском крају.

- *Зелена врба:*-Девојке се "опасују" врбом , капије куће и торова се ките врбом-" *да све буде напредно као врба*".

- Биљка Коприва:- Верује се да брањем коприве на Ђурђевдан има своју магиску моћ противу разних болештина-„да коприва опече болести са њим",
*

-Веровање:- *Жене и девојке увече својој кући донесу „омаје" (вода са воденичног кола). Верујући „ да ће од њих свако зло и прљавштина се отресе и отпадне", као омаја од воденичног кола. У тој води са воденичног камена(„омаји") се сетаве различите ђурђевдансе биљке (нарочито селин-селен), да преноћи, па сае ујутру њом купају у градини поред селина (селена) и поред осталог цвећа.*

- Веровање за ђурђевдан:- Кад буде Ђурђевдан и увече онда девојка у долину куде је зука(у бару са водом и травом-мочвара) па узне три струка па ги стави и пресече једнако и нарекне момци:" овој сам ја, овој знано момче, овој незнано момче. Па кој струк за једну ноћ највиже нарасте, тој ће бити њено момче. (Обистинило се тетка *Олги Лепојевић*, рођ. 1923.г. село Крушевица-казивачу веровања-мађија).

-Веровање- Свака девојка стави свој венчић на главу и певајући одлази кући.
Ишло се са венчићем од куће до куће и кроз њега промузли овце, краве, козе, да би се по веровању добијало више млека.

-Веровање - Један дан пре *Ђурђевдана* девојка узме на белом луку пресече 3 перцета и „везе" три момка која воли, а ујутру на Ђурђевдан би сазнала ко ће бити њен момак, на основу тога које се перце од лука ноћу највише да израсте.

-Веровање:- Тако се колач (колеђанка-са овчарем, овцама и трлом омешена на хлебу погачице-негде и као „плетеница" од хлеба") сачуван од коледе и перашка -испод ведра се узму и укопају у мравињак, да би се овце множиле као мрави.

- *Веровање.-* На тај дан се ништа није радило по пољу или домаћинству. Тако је постојалоо веровање да су за време Ђурђевдана се раном зором секли комадићи њиховог крзна или перја и носили их и закопавали у
бробињало (мравињак)-па говорили да имају толико стоке или живине колико је бробињака(мрава) у бробињалу(мравињаку).

-Веровање:- На *Ђурђевдан* ако буду "измаглице" по увалама, онда ће према том веровању у току године на том место у току лета падати град.

- *Веровање:-*Да би се повећала број стоке у оборима и да би се "удузело" млеко туђој стоци; многе жене врачарице (а и друге) су врачале или су се често скидале голе и јахале на вратилу(кросно) разбоја за ручно ткање-обилазећи око туђих торова.
Тако се веровало да ће овим ритуалом себи повећати плодност и млечност стоке; а другима нанети штета.

- **Гатање:**-Неке девојке и жене су у времену ђурђевданских дана практиковале љубавна врачања и гатања. Гатало се са по: хлебу, копривама, кукавици, свињама и др. Чак се преко кукавице и „дозивала" дуговечност:"*Кукуваце, кукни и кажи ми колико ћу година да живим*"(и сам се сећам тог гатања у детињству:-подвукао: М.М.). Кукавица вас није смела „закукати" да нисте узели ујутру парче хлеба или морате да имте неки динар у себи-како неби били гладни током године и да по веровању се има пара у току године у кући.

Записи: 1980/81.године село Крушевица, Власотинце, република Србија

Казивачи: Ружа Ранђеловић (1912,г) , **Олга Лепојевић** (рођ. 1923.г., девојачко Стојиљковић)и **Смиљка Ивановић** (рођ. 1928.г.девојачко *Вељковић*) село Крушевица, Власотинце

Забележио: Мирослав Б. Младеновић Мирац наставник ОШ „Карађорђе Петровић" село Крушевица, Власотинце, република Србије

* * *

ФОТОГРАФСКИ ЗАПИСИ ЂУРЂЕВДАНСКОГ ЦВЕЋА И ВЕНЦА:

Здравац (Geranium macrorrhizum):

Фото запис 3 мај 2009.г. планински засеок Преданча село Г.Дејан) Власотинце:- Здравац испред чесме и јабуке у дворишту, који је служио више за магиске радње у слављењу Ђурђевдана, умивања водом да се „буде здрав" и на Ђурђевдан се стављао овцама као „крмило" да буду здарва, а и деца да се њиме умију и сви укућани да буду здрави целе године....
Забележио: Мирослав Б Младеновић Мирац локални етнолог, Власотинце, Србија

"Ђурђевско цвеће-"Ђурђевак"-Планинска златица (Caltha palustris) :

Ова ђурђевданска биљка цвета од марта до маја у планини, а бере се као "Ђурђевак" у планински засеок Преданча, села Г.Дејан(Власотинце) у потесу Бучје и Чукар. Са њом се плету венци а расте поред извора у мочвари(барчуги) на северној страни у ливадама букове шуме. Једна је међу најлепшим ђурђевданским биљкама у плетењу венца за Ђурђевдан...Забележио: Мирослав Б Младеновић Мирац локални етнолог, Власотинце,   Србија

Обртен(Козја брада)-Tragopogon pratenisis L

Фото запис мај 2015.г. „ђурђевданске биљке" ОБРТЕН у цвету, за чију магиску моћ веровања у љубавну моћ су веровале многе девојке и са њима изводиле разне магиске обреде за добијање наклоности љубави момка који се воли....
Занимљиво је да цвет „отвара" само у трену првих сунчаних зракова, па је било тешко направито фот снимак цвета. Често када се у планину(родно село Преданча-Г. Дејан) нема шта косило у ливаду на потеу Средорид- говорили смо:"нема трава за косење, само „Козја брада""...
Забележио: Мирослав Б. Младеновић Мирац, локални етнолог, Власотинце, Србија

„Приватаљка"(Fam. Caryophyilaceae):

Фото запис мај 2015.г. засеок Преданча, с. Г.Дејан, Власотинце:-„Приватаљка" је брана као ђурђевданско цвеће, а девојке су према веровању је брале да се момак „привати" за девојку која га воли... *

Вратика (Tanacetum vulgare):

Фото запис 2015.године Власотинце:- Вратика је Ђурђевданска биљка коју девојке беру да би према веровању се овце све враћале са паше у броју у обору(да ниједну овцу не поједе вук или се не загуби у планини) а и да се печалбари после „Стежа“:

Фото запис 2015.г. Власотинце:-Ђурђевданска биљка СТЕЖА, која је сађена у свакој градини домаћинства, с којом су на Ђуђевдан се крмиле овце са вером да имају више мле у току године.....
Забележио: Мирослав Б Младеновић Мирац, локални етнолог, Власотинце, Србија
*

Селин (Селен)-Levisticum oficnale Cof:

*Селин(селен) је ђурђевданска биљка, с којом се „ стабљиком"
са листовима овце терају на пашу на Ђурђевдан.... листови
Селина(селена) се овце крме на Ђурђевдан да би билемлечене
током целе године.....*

**Фото запис мај 2015.г. Власотинце:-
ЂУРЂЕВДАНСКИ ВЕНАЦ**
Забележио: Мирослав Б Младеновић Мирац, локални етнолог,
Власотинце, Србија

* * *

Додолске песме и Додолице

1. Додолице

Додолске песме су певане у току сушњих месеци. Њих су певале додолице. То је група девојчица или девојака, које су ишле по кућама и певале ове песме призивајући кишу.

Када нема кише онда се саберу девојчице(њих око петнаест):пртена кошуља, врчица преко појас, цвеће на врчицу и са сито и кофе сас воду иду по село и певају. Пусте сито да се утрколи, па ако се поклопи киша ће да падне. Сас воду пљускају по дворište а домаћица сас чашу пљуска у њи, да буде киша.

После иду на речице или реку Власину и пусте леба у воду да га носи –да буде киша. Хлеб је у овом случају према казивању Наде Јовић из села Бољаре, имао смисао жртве. О додолицама сам записао доста у села: Крушевица, Бољаре. Ломница и Шишава. О њима је записао и Миломир Миловановић-Бољарац у својој монографији о селу Бољаре.

Пре много година људи су веровали у богове. Када дуго времна није падала киша, они су организовали такозване додолице које су молиле Бога преко песама певале и молиле да за кишом. Додоле у лужничком крају су извођене као религиозни обичај у време већих летњих суша, када је требало од Бога измолити и дозволити кишу.

Додоле су сачињавале неколико девојака, лепо обучене и оккићене цвећем у коси и у струку. Једна од девојчица или девојака би играла и поскакивала и повремено ударала дланом о длан, све у ритму песме коју су остале девојчице или девојке певале:
„Додолице Бога моле
Да удати росна киша.
Дај Божће, дај!
Да зароси наша поља
Дај, Божће, дај!"

Певало се и играло пред било којом кућом, а домаћин је настојао да буде и љубазан и дарежљив, јер од тога је и зависило да ли ће пасти киша и да ли ће му се испунити жеља.

 Пре одласка девојчица или девојака, он би за њима „посипао" воду, говорећи: „Ја вас-Бог поље!"

Данас при крају 20. и почетком 21. века су остале игре девојчица и дечака да се у времену Ђурђевдана прскају цвећем по води потока и речице Шишавица из села Шишаша и Ломница. Али су ови записи песама остали као траг једног времена када се магијом дозивала киша путем додолских песама.

* *

2. *Ој Додоло, додоле*

Играла сам додолицу
Ој додо, додоле
Ој додоле дај нам божоле
Дај нам кишу божоле
Да зароси ситна роса
Да нароси цело поље.
Запис: 1994.године село Шишава Власотинце
Казивач: Драгиња Стаменковић (80.г) село Шишава,
власотинце
Забележили: Јасмина Костић ученица и наставник
Мирослав Младеновић ОШ "Браћа Миленковић" село
Шишава, СО-е Власотинце
* *

3. *Додолица*
Ситна роса заросила
Ој додоло додолице
По сво поље и по нашо
Ој додоло додолице
Да се роди шеница
Ој додоло додолице
Да се роди царевица
Ој додоло додолице.

Запис:1979.година село Крушевица, Власотинце
Казивач: Савић Косовка
Забележили: Бора Банковић ученик и наставник
Мирослав Младеновић ОШ "Карађорђе Петровић" село
Крушевица, Власотинце

* * *

4. *Ој Додоло, додоле*

Ој додоло, додоле
Ситна киша заросила
Ој додоло, додоле
У наше поље и у ваше пшоље
Ој додоле, додоле.

Запис: 1978.године село Бољаре, Власотинце
Забележили: Пешић Милунка и наставник Мирослав
Младеновић ОШ "Карађорђе петровић" село
Крушевица, Власотинце

* *
# 5. *Да зароси ситна киша*
Наша дода бога моли
Ој додо, додоле
Да зароси ситна киша
Ој додо, додоле
Да зароси житна поља
Ој додо, додоле
Да се роди, од два класа кола жита
Ој додо, додоле
И два пера кукуруза
Ој додо, додоле
Ој додо, додоле.

Запис: 1979.године село Крушевица , Власотинце
Казивач: Васка Михајловић , село Крушевица
Забележили: Владица Ђорђевић ученик и наставник
Мирослав Младеновић ОШ "Карађорђе Петровић" село
Крушевица, Власотинце

*

Дода, којој се у песми обраћа, одговр је оних које су ишле у Додолицама:"Па то је као код нас дада"(старија сестра). Дода је старија сестра у валсотиначко-црнотравско-власинско-лужничком говору(Подвукао М.М).
* *

.6. Додоли
Наша дода бога моли
Ој додо, ој додоле
Да удари росна киша
Ој додо, ој додоле.
* *

7. Игра Додола
Молимо се вишњем богу
Ој додо, ој додоле
Да удари росна киша
Ој додо, ој додоле
Да пороси наша поља
Ој додо, ој додоле
И шеницу озимицу
Ој додо, ој додоле
И два пера кукуруза
Ој додо, ој додоле.
Запис:1976.године село Бољаре, Власотинце
Казивач: Милошевић Олга , село Бољаре
Забележили: Љиљана Милошевић ученица и
наставник Мирослав Младеновић ОШ "Карађорђе
Петровић" село   Крушевица,Власотинце

* *

8. *Додолска песма*
Додоле, додоле
Ситна киша заросила
Ој додо, додоле
По сво поље,
И по ваша и по наша
Ој додо, додоле
Од два класа пун шиник
Ој додо, додоле
Од два грозда два коша
Ој додо, додоле
Од два коша пуна бачва
Ој додо, додоле
Ситна киша заросила
Ој додо, додоле.

Запис: 1979.године село Крушевица, Власотинце
Казивач: Ружа Миљковић (65.г), село Крушевица
Забележили: Снежана Миљковић ученица и наставник
Мирослав Младеновић ОШ "Карађорђе Петровић" село
Крушевица, Власотинце
* *

9. *Додоличка песма*
Ој додо, додолице
Ситна роса заросила
Ој додо, додолице
По сво поље и по наше
Ој додо, додолице
Да се роди бел шеница
Ој додо, додолице

Сад је газди домилело
Ој додо, додоле
Газдарице понајвише Ој додо, додолице.
Запис: 1976.године село Бољаре, Власотинце
Казивач: Милошевић Олга, село Бољаре
Забележили: Анка Милошевић ученица и наставник
Мирослав Младеновић ОШ "Карађорђе Петровић" село
Крушевица, Власотинце

* *

10. *Дај ни боже ситну кишу*

Ој додо, ој додоле,
Дај ни боже ситну кишу;
Да зароси житно поље.
Ударила ситна киша.
По све поље па и наше.
Запис: 1985. године село Бољаре , Власотинце
Казивач: Нада Јовић село Бољаре
Забележио: Милосав Миловановић-Бољарац професор
руског језика из с. Бољаре, живи у Бачку Паланку
Из рукописа: НАРОДНЕ УМОТВОРИНЕ ИЗ
ВЛАСОТИНАЧКОГА КРАЈА -Обичаји, веровања,
изреке,народни говор, здравице, загонетке, народни
рецепти и лечење лековитим биљем
Мирослав Б. Младеновић Мирац, Власотинце 2007.
Локални етнолог и историчар, 17 март 2010. године
Власотинце, република Србија, Мирослав Б.
Младеновић Мирац, локални етнолог   и наставник ОШ
"Браћа Миленковић" с.   Шишава, Власотинце

* * *

Narodni običaji vlasotinačkog kraja - dodolske pesme i igre (sa interneta)

Izvor: **Srbiju volimo**, sreda, 26 avgust 2015.g.

Zabeležio : Miroslav Mladenovic, etnolog

Dodolske pesme su tipične obredne, ritualne pesme, koje, za razliku od ostalih obrednih lirskih pesama, nisu vezane za određeni datum u godini ili praznik, već su izvođene prilikom velikih letnjih suša. Najčešće su se pevale od Đurđevdana do Petrovdana i to četvrtkom. Tada su obično, mlade devojke, maskirane u lišće i granje (kao simbol bujanja vegetacije) obilazile seoske kuće i izvodile dodolski ritual (pevanje dodolskih pesama uz ritualni ples). Domaćin bi tada "dodole" polivao vodom i time magijski prizvao kišu. Ceo dodolski ritual potiče iz predhrišćanskog vremena i predstavlja jedan od najstarijih tradicija slovenskih naroda.

*

Četvrtak je verovatno nekada bio posvećen slovenskom bogu groma, *Perunu*. U nekim slovenskim jezicima *četvrtak* se i zove *perendan*.

Dodolske pesme izvode *dodole* (*peperude, peperuše, peperone, barbaruše*), a glavna među njima je „*čista"* *devojka*.

Uoči dana kada će ići u *dodole* devojke su sa groba čupale krst sa neznanog groba i potapale ga u reci. One idu i u crkvu i pometu je, pa smeće odnesu na reku, gde se i same okupaju.

Devojke idu po selu, od kuće do kuće, te pevaju pesme i slute da udari kiša. Jedna od devojaka se skine do pojasa, pa se uveže i obloži različitim travama i cvećem tako da joj se koža ne vidi nigde ni malo.

Kada dođu pred kuću onda dodola igra sama sitnim koracima, a ostale stanu u red i pevaju. Potom domaćica ili neko drugi vodom iznesenom iz kuće poliva *dodolu* dok ova igra i okreće se. Ceo ovaj postupak predstavlja svojevrsnu

97

imitativnu magiju.

Sve **dodolske pesme** imaju pripev

"oj, dodo, oj, dodo le"

ili "oj, dodo le, moj božo le",

čije značenje nije najjasnije. Mogao bi biti u vezi sa nekim od *Perunovih* atributa.

Postoji više objašnjenja kako je reč **dodola** nastala:
1. od litvanskog glagola dundéti što znači grmeti. Pretpostavlja se da se glagol našao u srpskom jeziku baltičko-slovenskom simbiozom;
2. od reči Dodol. Dodol je nekadašnji bog vlage i rastinja;
3. od pripeva „oj dodo, oj dodole".

Slovenski nazivi za **dodolu** neposredno su vezani za **slovenskog boga gromovnika, Peruna**. Nakon primanja Hrišćanstva Srbi ne odbacuju u potpunosti **kult boga Peruna**, već njegove moći pripisuju **Svetom Iliji.**

Dodolske pesme :

Najveći broj **dodolskih pesama** prikupio je Vuk S. Karadžić I dokumentovao u svojim zbirkama.

Stih u dodolskim pesmama je lirski osmerac:

"Ka-kav ju-nak go-rom je-zdi:
No-si sa-blju u zu-bi-ma,

No-si ki-šu u oč-ima
oj do-do, oj do-do-le!"

Pripev se sastoji iz sedam slogova, a na kraju pripeva stoji uzvičnik, s obzirom na to da uvek peva pod određenim utiskom.

Složenu sliku ima pesma u kojoj se pominje ogledalo koje je metafora za nebo. Igra sa ogledalom ima za funkciju da umilostivi prirodu i izazove kišu. Na ovom mestu uočava se prisustvo imitativne magije, s obzirom na to da pokrete ogledala prati reakcija neba:

"Na vr' jele b' jela vila.
u krilu joj ogledalo;
okreće ga, prevrće ga.
Prevrnu se vedro nebo
I udari rosna kiša-
Oj dodo, oj dodole!"

U pesmi je karakteristično to da se pominje vila kao glavni pokretač magijske radnje.
Vila se često pojavljuje u narodnim pesmama i poznato je da poseduje natprirodnemoći. Najčešće se pominju u negativnoj konotaciji, ali u ovoj pesmi vila jepredstavljena pozitivno. *Vila* je poistovećena sa **dodolom**, s obzirom na to da se njena funkcija odnosi na prizivanje kiše. Razlika između nje i **dodole** je u prostoru, a ne u funkciji. Vila deluje u magijskom prostoru na vrhu jele, (koja je visoka do neba), dok je prostor delovanja dodole realan-polje.

Jedna od najlepših zabeleženih pesama je ona u kojoj je prikazana metaforična slika   prirode i mladića u njoj.

99

Pesma je jednostrofična i prati je magijski pripev:
"Kakav junak gorom jezdi:
Nosi sablju u zubima,
Nosi kišu u očima
oj dodo, oj dodole!"

Dodolske pesme su zasnovane na **imitativnoj magiji**, i to
se vidi u narednim stihovima:
"Mi idemo preko sela,
Oj dodo, oj dodole!
A oblaci preko neba,
Oj dodo, oj dodole!"

Kretanje **dodola** i oblaka odvija se istovremeno. Radnja koju
obavljaju oblaci i dodole je identična- kretanje, s tim što
oblaci prate (imitiraju) kretanje i pravac Dodola. Nakon toga
sledi ubrzano kretanje devojaka koje prate oblaci:

"A mi brže, oblak brže,
Oj dodo, oj dodole!"

Na kraju pesme oblaci "stižu" dodole i kiša počinje da pada,
što označava pobedu kiše nad sušom:

"Oblaci nas predtekoše,
oj dodo, oj dodole
žito, vino porosiše,
oj dodo, oj dodole!"

Zabelezio: Miroslav B.Mladenovic,etnolog

Objavljeno u Tradicija
*

Srbiju volimo - Narodni običaji vlasotinačkog kraja - dodolske ...

srbijuvolimo.rs/.../4805-narodni-običaji-vlasotinačkog-kraja-dodolske-pesme-i-igre.html

<u>Keширано</u>

26 авг 2015 ...... kiše nad sušom: "Oblaci nas predtekoše, oj dodo, oj dodole žito, vino porosiše, oj dodo, oj dodole!" **Zabelezio: Miroslav B.Mladenovic,etnolog.**

<u>http://srbijuvolimo.rs/moja-srbija/tradicija/item/4805-narodni-obi%C4%8Daji-vlasotina%C4%8Dkog-kraja-dodolske-pesme-i-igre.html</u>
*

VolimoNet - Belmuz

www.***volimo***.net/recipeitems/print/1426

23.10.2015. - 400 gr kukuruznog brasna, ne palenta. STARI RECEPT **BELMUŽ** NA SREDORSKI NACIN - zabeležili: Savić Aleksandra i **Miroslav Mladenović**.

<u>http://www.volimo.net/recipeitems/print/1426</u>

* * *

КАЗИВАЧИ:

1. *Олга Милошевић, с. Брестов Дол (Заплање), 2002.године*

2. *Јелена Младеновић (око 100 г.) с. Г.Дејан, Власотинце,1975.године*

3. *Марица Младеновић (1925.г.дев. Стојановић) планински засеок . Преданча село Г. Дејан, Власотинце, Власотинце, 1978.године*

4. *Стаменковић Драгиња*(80.г) село Шишава, Власотинце, 1994.године

5. *Василька Ицић* село Крушевица, Власотинце, 1980/81.године

6. *Раденковић Чедомир*(80.г) село Крушевица, Власотинце. 1981.године

7. *Руска Вељковић(рођ. 1900.г., девојачко Грујић с.Д.Гаре) Вељковић* с. Крушевица, Власотинце, 1976.године

8. *Мирослав Младеновић* (1948.г.) планински засеок Преданча село Горљи Дејан, Власотинце, 1976/78/81/2015.године

9. *Ружа Ранђеловић* (1912,г) с. Крушевица, Власотинце, 1980/81.године

10. *Олга Лепојевић* (рођ. 1923.г., девојачко Стојиљковић) с. Крушевица, Власотинце, 1980/81.године

11.*Смиљка Ивановић* (рођ. 1928.г.девојачко Вељковић) село Крушевица, Власотинце

12. *Савић Славица* (60.г) село Средор, Власотинце2002.године

13. *Петковић Раде* (1945) с. Кална) Ц,Трава, 2002.године

14. Нада Јовић, с. Бољаре, Власотинце

15. Дана Стоилковић, с. Бољаре, Власотинце

* * *

РЕЧНИК ЛОКАЛИЗМА И АРХАИЗМА

Бачевина (чобанчевица)-место ван села где су чобани чували овце, вршена мужа и прављење сира и других производа од млека

бачијари-овчари (пастири)

белмуж-овчарски (пастирски) специјалитет од сира или маслаца

бучка-дрвена посуда за вађење маслаца из млека

бробињало-мравињак

вакло-"жртвено"јагње

врљаше-бацаше, стављаше

вратика-ђурђевданска биљка

врнем-вратим

вурда-млечни производ

гатање-врачање, нарицање
големи-велики

Додоле-група м ладих девојака обучене у бело које одређеним обредом и песмом(прскајући се водом на потоку) ритуално "дозивају" кишу.певају додолске песме да би пала киша.

дојде-дође

долина-мали поточић

д'н-дан

Ђурђевдан(6.мај)- верско обредни празник,

овчарски (пастирски) празник,

завежуљак-увезана крпа са одређиним обредбиним

предметима

завати-спреми, захвати

једење-оброк, ручак

ко'тл-котао

китке-цвеће

колеђанка-колач ("плетенице" од хлеба-обредно

божићне погачице)

кравај-мала погача

крстоноше(литије)-обредни обичај, који се изводи

верским ритуалима песмом, са барјаком, "крстом",

свештеником и групом   мушкараца који обилазе

поља и "записе на одређену сеоску славу (Ђурђевдан у с. Шишава).

мешалька-вдрвена варјача

моме-девојке

момчета-момци

њега-њим

обртен-биљка која се бере за ђурђевдан, а по веровању девојке плету венчић и "прогледују" момке да се "обртају" око њих.

"омаја"-вода са воденичног кола воденице поточаре

петл'к-биљка

Премлаз (Премуз)-овчарски празник када се одлучује јагњад и овце промузују(19 или 10 дана после Ђурђевдана (5 мај) или на Ђурђевдан-6 мај)..

приваталька-ливадска биљка са којом се изводе обредни ритуали девојака

пооде-полазе

рекла-казала

самобојка-биљка

свињаковина-граб (габар) дрво

селен (селин)-ђурђевданска биљка

стежа-ђурђевданска биљка с којомс екрме овце

"страга"-отвор на обору

татко-отац

тепсија-бакарни плех за печење хлеба или меса у релни шпорета

убава-лепа

уврзак-увезана ситна дрва, која жене носе везане конопцем на леђа

цавтело-цветало

чабар (котле)-ведро за воду или мужу оваца

чабрица-дрвена качарска посуда за мужу оваца, за чување сира, маслаца..

че- ће

* * *

ЛИТЕРАТУРА:

[1] *Мирослав Б. Младеновић Мирац:- Из рукописа:* „НАРОДНИ ОБИЧАЈИ И ВЕРОВАЊА У ВЛАСОТИНАЧКОМ КРАЈУ-Повласиње" (ЗАПИСИ: од 1970 до 2015.г.), Власотинце, Србија

[2] Др. професор *Валентина Питулић и Велимир Стаменковић*:-ИЗНИКАЛ МИ СТРУК БОСИЉАК (*Лирске народне песме из власотиначкога краја*), Власотинце, 2000. Издавач: Информативни лист ВЛАСИНА-Власотинце

[3] *Велимир Стаменковић-Лима:* ШИШАВА И ШИШАВЦИ, издавач:Културни центар Власотинце, 2003.г., страна:100-101,)

[4] (Извор: *Новица Тричковић:-ПОТЕСИ У АТАРУ ЦРНЕ БАРЕ, Власотиначки зборник 2,* Власотинце, 2006.године, страна: 351)

[5] (Извор:*Воја Богојевић, Чедомир Милошевић и Борко Томић*:-КАЛНА ЦРНОТРАВСКА, 1987, Црна Трава, страна:134-136;)

[6] (Извор: *Божидар Голубовић, Радослав Голубовић*:-МОНОГРАФИЈА СЕЛА БРЕСТОВ ДОЛ, Власотинце, 2010.г., страна: 159-160)

[7] (Извор: *Драгомир Анђелковић, Милисав Здравковић, Велимир Ђорђевић*:- МОНОГРАФИЈА: *Лужничко село* ЦРВЕНА ЈАБУКА(*хроника села*), Црвена Јабука, новембар 202.године, стр.: 70)

[8] (Извор: : *Часлав Р.Спасић*:- *село Присјан, Пирот –Моногарафија села* ПРИСЈАН, Пирот, 2001.године ; страна: 62-63,)

[9] *Miroslav Mladenović nast*:- „NARODNI OBIČAJI I VEROVANJA U VLASOTINAČKOM KRAJU", 10.11.2007. www.vokabular.org/forum/index.php?topic=1547.0

[10] ЂУРЂЕВДАН:-*Извор: sr.wikipedia.org/sr:-* http://sr.wikipedia.org/sr/%D0%82%D1%83%D1%80%D1%92%D0%B5%D0%B2%D0%B4%D0%B0%D0%BD

[11] *Miroslav Mladenović nast*:-**Đurđevdanske pesme iz vlasotinačkoga kraja - MyCity** www.mycity.rs/.../Djurdjevdanske-pesme- ... kraja.html http://www.mycity.rs/Srpska-knjizevnost ... kraja.html

[12] *" Zapis:Miroslav B Mladenović Mirac* :-*
"Običaji tradicija za Jurjevo ili Đurđevdan (*)
Jurjevo ili Blagdan Sv. Jurja pjesme i običaji -
Narodni.NET
narodni.net/jurjevo-ili-blagdan-sv-jurja-pjesme-obicaji/
http://enfieldhaunting.ga/Jurjevo ili Blagdan Sv. J
urja pjesme i obi%C4%8Daji - Narodni.NET

[13] Мирослав Младеновић:- ЗАПИСИ О
БЕЛМУЖУ:
http://panacomp.net/srbija?s=srpska_kuhinja

[14] *Мирослав Б. Младеновић Мирац:-*
ФОТОГРАФСКИ ЗАПИСИ ЂУРЂЕВДАНСКОГ
ЦВЕЋА И ВЕНЦА; мај 2015.г. Власотинце

[15] *Милосав Миловановић Бољарац:-* БОЉАРЕ –
власотиначко село-, Бачка Паланка, 2006.г.,
страна:122
Аутор: Мирослав Б Младеновић Мирац, локални
етнолог, Власотинце, Србија
мај 2015.г. Власотинце, Србија

Биографска белешка аутора:

Мирослав Мирко Б. Младеновић- Мирац рођен је у село   планински засеок Преданча с.Г.Дејан, општина Власотинце 1948.године.
 Наставник иноватор математичар и вредан је сакупљач духовног и материјалног блага власотиначког, црнотравског и лужничког краја. Његови записи о животу на село-о обичајима, историји и о свему што је везано за језик и усмена приповедања дијалектом средине, остаће као драгоцени истраживачки материјал за етнологију,

културу, традицију и историју српскога народа на југу Србије.

Пише песме и кратке приче везане за живот у његовом завичају, каквог га памти из младости. Објавио је четири збирке песама на дијалекту. Као дете, ученик и студент(а и касније) у своме родном планинском селу био је:говедар, овчар и косач планинских трава.

Ни онда када је био печлбар, опет се враћао својим коренима и сећањима обичаја и суровости живота у планини.

Села су нестала, али је својим пером почео да пише о свему што ће остати као траг једног живота планинских горштака, са свим радостима живота у планини.

На фотографији планинског овчара, није се одрекао свога сељачко-горштачкога порекла и онда када је постао интелектуалац.

13.06. 2015.године
Аутор:Мирослав Б Младеновић Мирац
локални етнолог и етнограф из Власотица, Србија

САДРЖАЈ:

Мирослав Б. Младеновић-Мирац

ЂУРЂЕВДАНСКИ ОБИЧАЈИ ИЗ ВЛАСОТИНАЧКОГ КРАЈА И ОКОЛИНЕ

Издавач: АУТОР (ISBN 978-86-918837 (M.M))
Технички уредник: *Аутор*
Фотографије: *Мирослав Б Младеновић Мирац*
Штампа: Штампарија
Тираж: *100 примерака; илустрација:21 см;115 стр.*
*

МЛАДЕНОВИЋ, Мирослав Б., 1948-
Етнологија (обичаји): Ђурђевдански обичаји из
власотиначког краја и околине / Мирослав Б.
Младеновић Мирац ; [фотографије Мирослав Б.
Младеновић Мирац]. - Власотинце : М. Б.
Младеновић, 2016 (Власотинце : М. Б. Младеновић). -
115 стр. : фотогр. ; 21 cm
Ауторова слика. - Тираж 100. - Речник локализама и
архаизама: стр. 104-107. - Биографска белешка
аутора: стр. 111-112. - Библиографија: стр. 108-110.

ISBN 978-86-918837-7-5
UDK   398.332.1(497.11)
            821.163.41-1:398
а) *Народни обичаји - Власотиначки крај*
COBISS.SR-ID 221377292

www.ingramcontent.com/pod-product-compliance
Lightning Source LLC
Chambersburg PA
CBHW050535280326
41933CB00011B/1596